8° 26

L 34.

UN

VOYAGE D'ARTISTE

DANS

LES PYRÉNÉES.

UN

VOYAGE D'ARTISTE,

GUIDE

Dans les Pyrénées,

PAR DEUX AMIS,

E. E.

L'amour des voyages, cet amour passionné, audacieux, irrésistible, qui se joue des périls, et accepte tous les maux, en échange d'un coup-d'œil, d'un souvenir; il vous possède par nature; il vous entraîne par besoin; il vous poursuit dans votre repos; vous lui sacrifiez santé, fortune; tout avec soi, tout avec enthousiasme.

P. L. JACOB, Bibliophile.

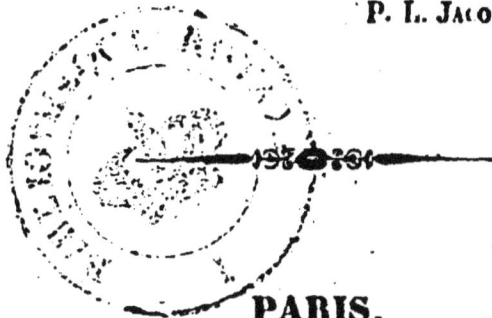

PARIS,

CH. GOSSELIN, LIBRAIRE, || E. RENDUEL, LIBRAIRE,

RUE SAINT-GERMAIN-DES-PRÉS, 9. || RUE DES GRANDS-AUGUSTINS.

TOULOUSE,

DAGALIER, LIBRAIRE-ÉDITEUR,

RUE DE LA POMME, 71.

1835.

Cet ouvrage étant ma propriété, je poursuivrai les contrefacteurs.

Dagalier

TOULOUSE, IMPRIMERIE DE J.-P. FROMENT,
Rue Sainte-Ursule, n.° 14.

Artistes

C'est à vous que nous nous adressons; pour vous nous avons recueilli et mis en ordre les notes qui vous sont offertes dans cet ouvrage. Nous vous les livrons telles que nous les avons écrites sur les lieux.

Comme vous, jeunes et doués d'une âme de feu, l'album ou la palette à la main, nous avons tout vu, tout exploré, nous avons fouillé partout; c'est le fruit de nos courses que nous vous présentons.

Il serait à souhaiter, qu'imitant notre exemple, les artistes fissent connaître au public les voyages que la belle saison leur voit faire tous les ans dans les Alpes, la Suisse ou les Pyrénées. Ils devraient dans l'intérêt de l'art, publier leurs notes; elles seraient d'un grand avantage et éviteraient souvent, à ceux qui viennent après eux, bien des désagrémens et des recherches décourageantes.

Vous qui voulez faire un voyage scientifique dans les Pyrénées, nous vous renvoyons à Ramond et à Dusault; suivez-les dans leurs savantes excursions, étudiez leurs calculs et leurs expériences. — Lisez les descriptions poétiques du comte Orloff et du comte de Marcellus, vous qui partez pour un voyage brillant ou littéraire, qu'une chaise de poste entraîne aux bains de Bigorre ou de Luchon. — Mais si vous désirez visiter les Pyrénées en artistes, dépensant peu, cheminant à petites journées, le sac sur le dos, la pique à la main, venez à nous.

Nous vous conduirons dans les lieux les plus inconnus, les plus reculés, qui offrent des ressources au peintre, des émotions au poëte. — Nous vous indiquerons les points de vue les plus favorables. — Sous des touffes d'arbre, derrière des rochers, nous vous montrerons un pont, une fabrique, une étude d'eau, cachés aux yeux indifférens. — A vous de profiter de notre expérience.

Notre itinéraire est depuis Bagnères-de-Bigorre jusqu'à Bagnères-de-Luchon, par Lourdes, Argelès, Cauterets, Gavarni, Saint-Sauveur, Barréges, la Montagne et Arreau; jamais nous ne reviendrons sur nos pas; nous ne perdrons pas un seul jour.

A la fin de notre ouvrage vous trouverez deux chapitres que nous avons jugés très-utiles.

Le premier vous indiquera, d'un à l'autre, la distance des lieux que vous allez visiter.

Dans le dernier, vous seront indiquées les adresses des maisons ou des auberges, que la modicité des prix ou la bienveillance des maîtres, nous ont fait distinguer.

Ce n'est pas un ouvrage d'art, un livre scientifique ou littéraire que nous donnons au public, c'est un service que nous avons voulu rendre aux artistes. — A eux de nous juger.

Les deux Amis.

E. E.

UN
VOYAGE D'ARTISTE
DANS LES PYRÉNÉES.

CHAPITRE PREMIER.

BAGNÈRES-DE-BIGORRE.

> Bagnères, Bagnères, séjour
> De plaisir et d'amour;
> Patrie
> Chérie,
> Nous voici de retour.
> LA BAGNERAISE.

HEUREUX le voyageur doué d'une âme d'artiste, qui, huché sur l'impériale d'une diligence toulousaine, salue le Bigorre par une belle soirée d'automne. — Car c'est une jolie vallée que celle de Campan, dominée par le Pic du Midi à la cime aiguë. — Et c'est une délicieuse ville que celle de Bagnères........ Bagnères le village d'hiver, la grande ville d'automne. — Oui, la grande ville ! — Voyez plutôt ces chaises de poste, ces nombreux équipages, ces cavalcades folles et joyeuses, ces brillans dandys, fashionables de toutes les nations, et ces belles amazones, si fières de ravir un regard admirateur à l'artiste, devant de si grands tableaux.

Mais déjà le pont de l'Adour a frémi sous les roues de la lourde voiture, et le fouet du postillon a rassemblé la gent empressée des portefaix, des jeunes filles d'auberge. — Toute l'industrie bagneraise. — Ici commence notre rôle de guide ! — Certes, il sera court à Bigorre ; ce n'est pas au sein du luxe et des plaisirs que l'artiste vient puiser les inspirations sublimes de ses poétiques tableaux.

Bagnères assise aux pieds des Pyrénées, à l'entrée de la pastorale et riante vallée de Campan, baignée par l'Adour aux flots limpides, Bagnères vit ses eaux renommées sous l'empire des Césars. Des mozaïques, des inscriptions trouvées dans les champs qui l'environnent, témoignent de l'antiquité de son origine. — Quelques auteurs, amis du merveilleux, ont fait remonter sa fondation à l'époque du siége de Troye, et lui ont donné des dieux pour premiers habitans (1).

_____

(1) Sous la féodalité, le Bigorre eut ses comtes, et en 1253, il fut réuni au Béarn et fit depuis partie du patrimoine d'Henri IV.

Bagnères aurait bien dégénéré depuis! Elle n'est aujourd'hui qu'un chef-lieu d'arrondissement. — Mais la société la plus brillante et la mieux choisie vient chaque automne lui faire oublier son peu d'importance politique, et la placer au rang de nos cités les plus populeuses et les plus magnifiques; moins recherchée pour ses eaux minérales que pour ses fêtes et ses plaisirs, elle n'offre guère le spectacle hideux des maladies et des plaies humaines.

On ne saurait admirer la régularité des rues et des places de Bagnères; mais on trouve partout cette propreté, cet ordre, cette activité, qui font de sa belle saison, comme un dimanche, une fête continuelle; de jolies promenades intérieures étalent, chaque soir, tout le luxe et toutes les merveilles d'une grande cité.

Bagnères a aussi ses beaux hôtels, ses maisons aux riches façades, aux mille croisées! Frascati qui réunit à des salles de bains, des logemens commodes et de brillans sallons, où chaque soir, sur de nombreux tapis, l'or roule à flots bruyans près du bal harmonieux. — Les bains thermes, nouvel établissement, monument simple et de bon goût. — On regrette de ne trouver dans le musée qui occupe la partie supérieure, qu'un début qui promet bien peu pour l'ave-

<hr>

Plus tard, il eut ses états où ses députés, votaient chaque année la répartition des impôts et réglaient les intérêts du pays, sous la présidence de l'évêque de Tarbes.

nir..... Ici nous ne laisserons pas échapper l'occasion de rendre hommage à un ami des arts, au bon et honnête M. Jalon; vous trouverez chez lui, non une belle collection de tableaux, mais un choix de tout ce que la nature offre dans les Pyrénées, au peintre et au savant.

Peu d'artistes passent à Bagnères sans emporter un doux souvenir de l'accueil gracieux et bienveillant de M. Jalon; et nous aussi, nous nous souviendrons du jour où, modestes pèlerins, nous fûmes reçus par cet homme excellent, comme d'anciens et bons amis.

On visite encore à Bagnères ses belles marbreries. Celle de M. Géruzet réunit tout ce que l'art peut donner d'éclat aux marbres et aux stalagmites les plus riches.

Une allée de peupliers vous conduit aux bains de Salut, qui sont agréablement situés au fond d'une gorge, à une demie lieue de la ville. Comme toutes les fabriques de Bagnères, celle-ci ne peut donner que le motif d'un dessin de souvenir. — Vous pouvez encore promener dans l'élysée Cottin vos pensers d'amour, vos tendres rêveries, mais rien n'y appelle votre attention d'artiste.

D'aucun côté Bagnères ne se présente bien au dessinateur. On peut cependant en faire un tableau de la route de Tarbes, en prenant pour fond la vallée de Campan. Les meilleures études que nous connaissions à l'huile ou au crayon, sont prises de ce côté.

Nous avons encore vu avec plaisir une étude à

l'huile, prise dans l'intérieur de la ville, par M. Dandiran, jeune artiste plein de goût et de talent. — Allez à l'heure du marché, sur cette petite place dominée par une haute et vieille tour, reste d'une antique église! — Quel tableau animé! Qu'elle variété de costumes! L'Espagnol, au large sombrero, près du Béarnais à la toque plate et ronde, et le Catalan au long bonnet écarlate, le capulet noir de la vielle femme, près du capulet rouge de la jeune fille. — Croyez-moi.... Sous ces capulets si gracieusement posés, se dessinent de bien frais et bien jolis minois. — On regrette que les maisons badigeonnées de jaune et de blanc, ne répondent pas à la couleur brunie, à la forme antique de la tour.

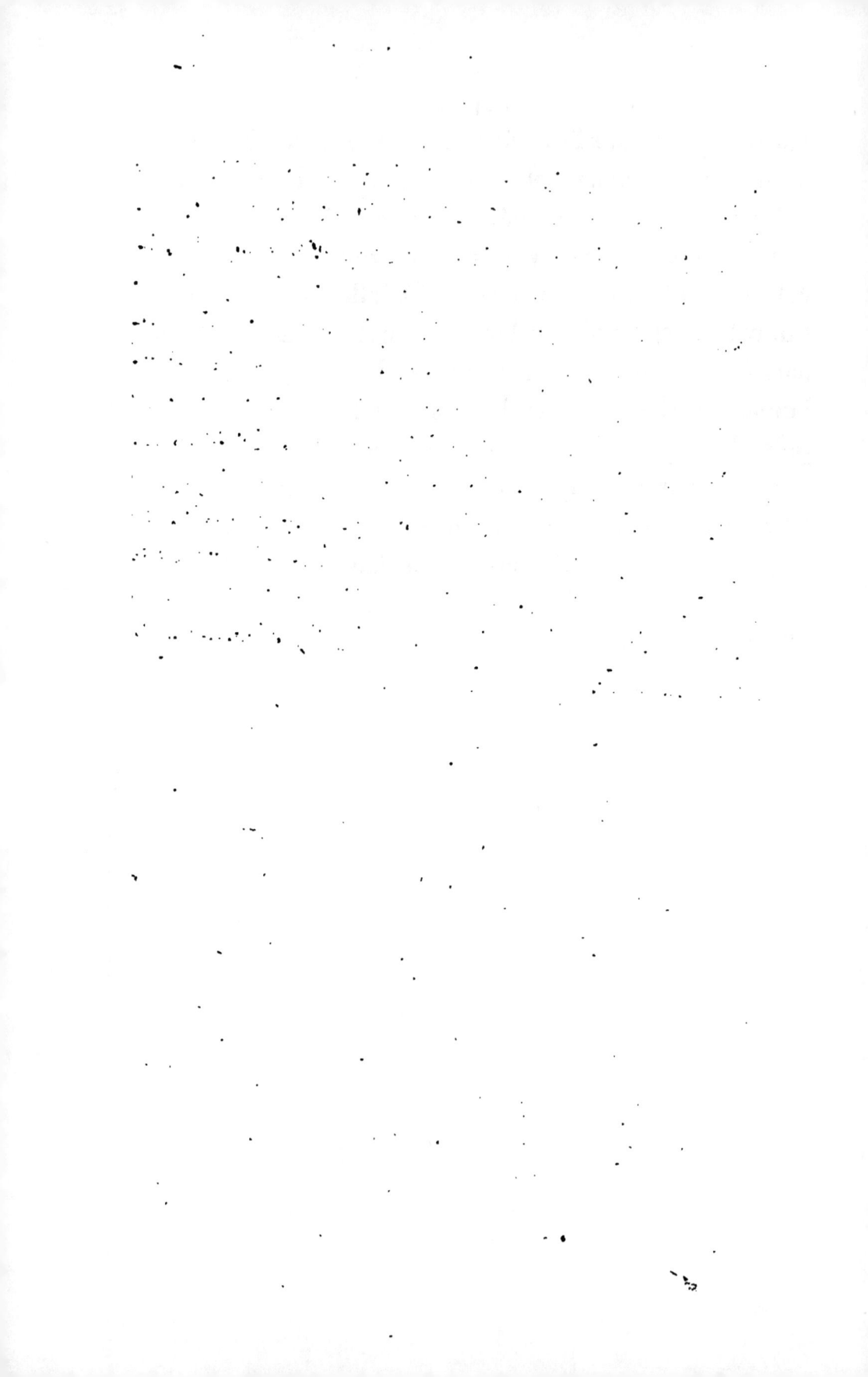

CHAPITRE II.

DE BAGNÈRES-DE-BIGORRE A ARGELÈS.

> C'était toujours de forts remparts à
> créneaux et meurtrières, coupés à dis-
> tances égales de petites tourelles.
>
> BARDIER.

> Que celui qui est abattu par le chagrin
> s'enfonce dans les forêts; qu'il erre sous
> leur voûte mobile; qu'il erre sur la mon-
> tagne d'où l'on découvre des pays immenses.
>
> CHÀTEAUBRIAND.

En quittant Bagnères-de-Bigorre, on entre dans une route assez agréable, mais qui n'offre rien de curieux, si ce n'est l'aspect des monts Pyrénéens.

Artiste, vois-tu cette tour crénelée se dessiner sur le flanc de cette montagne lointaine? Eh bien, c'est le château de Lourdes, la porte des Pyrénées.

Hâte-toi de prendre tes crayons, esquisse promptement ce fort suspendu sur ces rocs, car d'un autre côté la vue est bien plus pittoresque, et nous voulons t'y conduire.

Avec nous, traverse Lourdes, examine, c'est une petite ville comme toutes ces petites villes, avec beaucoup de rues sales et étroites, avec des maisons basses et mal bâties.

Mais sors, avance dans les champs et regarde la citadelle; vois-tu comme de ce côté le point de vue change, comme ces rocs sont beaux de couleurs et de forme, comme ces plantes rampent avec vigueur sur ces vieilles murailles; c'est ici que tu peux essayer tes pinceaux. N'est-ce pas que les prisonniers de Louis XIII, de Louis XIV, de Napoléon, étaient bien gardés sous ces ramparts épais? Ne dirait-t-on pas que les rochers et les murs s'unissent, se pressent pour rendre ces cachots plus sûrs et plus noirs?

Hâte-toi, avant de partir, il faut aller voir un lac et une grotte qui sont à une demi-heure de la ville, du côté de l'ouest. Ils ne mériteraient pas une plus longue course.

Maintenant continuons notre route vers la vallée d'Argelès. Entends les eaux capricieuses du Gave qui roule sous tes pieds; vois comme sur ces monts les rocs ardoisés se marient bien avec la verdure des hêtres.

Bientôt tu trouveras successivement les villages d'Agos, dont les habitans sont assez disposés à duper les voyageurs; Bidalos avec les ruines de son antique château; Aizac, Vieuzac, au milieu des prairies plantées d'arbres ombreux, et arrosées par de limpides fontaines.

Enfin, la jolie petite ville d'Argelès paraît entourée de hêtres, de noyers et de châtaigniers de la plus belle végétation. Du côteau auquel elle est adossée, on jouit d'un coup d'œil enchanteur.

Qu'elle est belle et riche cette vallée entourée de tous côtés de collines riantes et boisées, parsemée de villages, d'églises et de vieux châteaux, couverte d'arbres magnifiques chargés de fruits, arrosée par le Gave de Pau, qui promène ses ondes argentées parmi des blocs de marbre de mille couleurs! Oh! que de délicieux points de vue! Comme tout y est beau et harmonieux! Que de sensations, le soir, le tintement d'une cloche lointaine, réveille dans l'âme du poëte!....

Mais le peintre admire et n'a pas le courage de prendre sa palette. — Trop vaste est le tableau; trop majestueuse est la nature dans ce superbe ensemble. Les détails seuls peuvent offrir quelques ressources à l'artiste. — Aussi nous l'engageons à aller visiter ces nombreuses ruines éparses çà et là, antiques manoirs des Vandales, des Normands et des Anglais, qui furent long-temps les fléaux de ce magnifique pays.

La vallée d'Argelès a deux cent quarante-une toises de hauteur au-dessus du niveau de la mer.

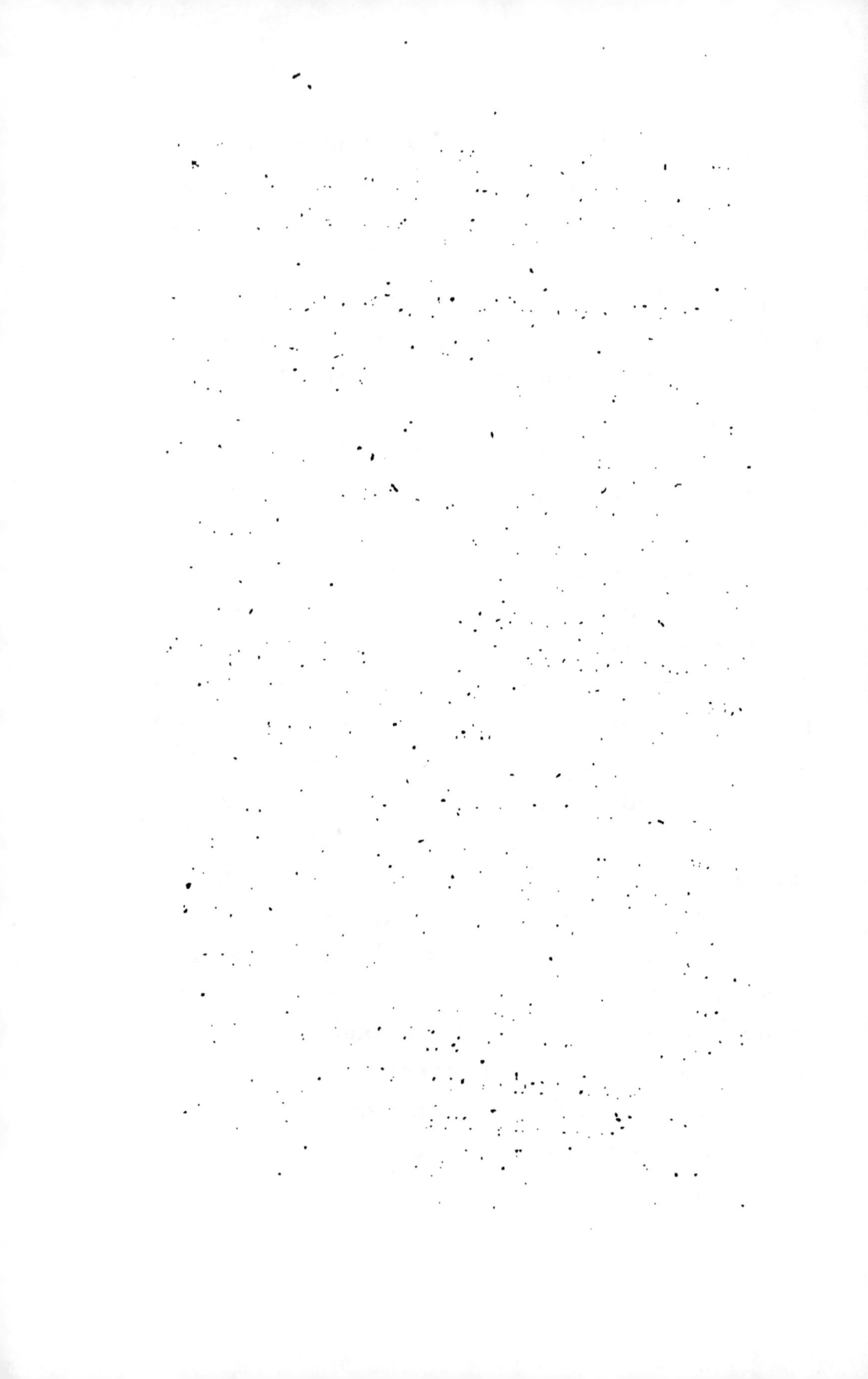

CHAPITRE III.

D'ARGELÈS A CAUTERETS.

> Tous les objets animés et inanimés commençaient à offrir ce mélange d'aridité et de grandeur, de stérilité et de sauvages horreurs, qui rendent ces régions si renommées.
>
> Le bourreau de Berne,
> Fenimore KOOPER.

DE bout, artiste, arme-toi de tes crayons! Nous voulons aujourd'hui t'introduire au sein des Pyrénées. Et puis le soleil est si beau, dorant de ses premiers rayons cette riche et brillante vallée d'Argelès.

Oh! oui, riche et brillante! Aucune autre ne possède une végétation plus vigoureuse, une terre plus fertile. Il semble qu'avant de devenir sauvage et inculte, la nature ait voulu déployer toute sa fécondité, étaler tous ses trésors. Aussi Argelès joue-t-il un rôle important par ses marchés. — C'est là que les habitans des

2

hautes montagnes viennent demander le prix de leurs travaux de chaque hiver, lorsque la fonte des neiges finit une longue captivité et leur rend la liberté des beaux jours.

Le chemin est court d'Argelès à Pierrefitte; vous aurez cependant plus d'une occasion de vous reposer en utilisant vos stations. Vous trouverez de belles études de châtaigners, de beaux troncs creusés déracinés par les ans.

L'abbaye de Saint-Savin mérite aussi que vous vous détourniez un instant de votre chemin, et que vous lui consacriez une page de votre album. — Fondée par un ordre de moines, habitée long-temps par des Bénédictins; puis détruite, puis rétablie, cette abbaye est devenue un lieu de dévotion très-renommé par le séjour et la sainte mort du fils d'un comte de Poitiers, appelé Savin.

Visitez encore les châteaux de Miramon et de Beaucen. Quelque porte gothique, qu'elqu'intérieur d'un heureux effet, pourront vous paraître dignes de vos crayons.

Arrivons à Pierrefitte; et ici, non une simple station, mais une halte et une longue halte. — Ouvrez tous vos albums, taillez tous vos crayons. — Deux villages, Pierrefitte et Soulon, séparés seulement par le Gave, vont vous offrir mille motifs délicieux. Allez lentement, faites le tour de chaque fabrique, pénétrez dans les intérieurs, partout vous trouverez des lignes heureuses, de riches couleurs, des détails charmans;

l'église de Soulon, surtout, nous a paru mériter trois dessins finis. Avant de la quitter, si vous voulez juger de l'ensemble de la vallée, si vous voulez dire adieu aux champs cultivés, montez sur la colline de Balandrau. La fuite du jour pourra seule vous arracher à ce magique et séduisant tableau.

Il est temps de quitter Pierrefitte. Deux gorges séparées par le pic de Soulon, ouvrent deux passages, celui de gauche conduit à Luz; celui de droite à Cauterets. Tous deux suivent les bords d'un torrent. Gave de Gavarni, grossi du Gave de Barège, Gave de Cauterets, qui unissent leurs ondes au village de Pierrefitte, et forment le Gave de Pau.

Prenons à droite; taillée dans le roc, suspendue sur le torrent, la route s'élève par une pente rapide en suivant toutes les sinuosités de la gorge. — Ici plus de vigne qui se balance d'un érable à l'autre, plus de champs, plus de culture. — Des prairies arrosées par mille torrens, des rochers noirs et menaçans, des hêtres, des sapins, voilà la nature du terrain; ce ne sont pas encore les vastes bois de hêtre, les sombres forêts de sapins, c'est une transition de la vallée cultivée à la vallée inculte.

Fils aîné des neiges du Vignemale et du Marcadau, le Gave roule dans un lit de roches, des flots courroucés et blanchissant, bondit d'une chute à l'autre, et couvre de sa voix mugissante, le roulement des voitures et les mille juremens des postillons.

Vous trouverez, dans une prairie à gauche, un pont

peu connu des voyageurs, et cependant bien plus original, bien plus pittoresque que beaucoup d'autres
sites plus renommés ; formé par deux troncs d'arbre,
jetés d'une rive à l'autre et unis par d'énormes racines, ombragé par de magnifiques tilleuls, il ne vous
laissera qu'un regret celui de ne pouvoir vous placer
commodément pour le dessiner.

Le colimaçon s'offre à nous, dernière côte effrayante
par sa rapidité. Plus haut, la gorge s'élargit et s'étend
en un vallon triangulaire ; où se dessinent quelques
groupes de maisons ; une assez jolie scirie peut vous
reposer un moment.

On n'aperçoit Cauterets qu'en pénétrant dans le
village, resséré entre des montagnes élevées et mena-
çantes. Le voyageur est effrayé de l'aspect sauvage de
ces lieux, surtout s'il a cru trouver, comme à Bagnères,
une ville élégante et jolie.

Cependant, Cauterets aussi est riche, et ses maisons
blanches et propres, annoncent plus que l'aisance ; mais
aussi tout vous dit que le plaisir n'y attire pas seul les
étrangers ; et que le soin de leur santé les y occupe tout
autant que les bals et les fêtes.

L'habitant de Cauterets ne vit que de l'argent des
voyageurs ; quelques prairies et des bois dont il ne
trouve pas le débit, ne s'auraient fournir à sa subsis-
tance. — Aussi quel jour de fête pour ces montagnards
que celui de l'arrivée de leur premier hôte ! Avec
quelle joie elle est reçue la première voiture qui
résonne sur le pavé ! toutes les remises s'ouvrent, toutes

les enseignes reparaissent aux portes et aux croisées ; on rend le jour aux beaux appartemens, les meubles sortent de leur fourreau, brillans et polis, et ces bons villageois vêtus de l'habit de dimanche, se précipitent au devant de l'étranger. Heureuse la maison devant laquelle il s'arrête ! la saison sera riche pour elle.

Vous trouveriez alors pour quelques centimes, des logemens que vous n'obtiendrez plus tard qu'à prix d'or.

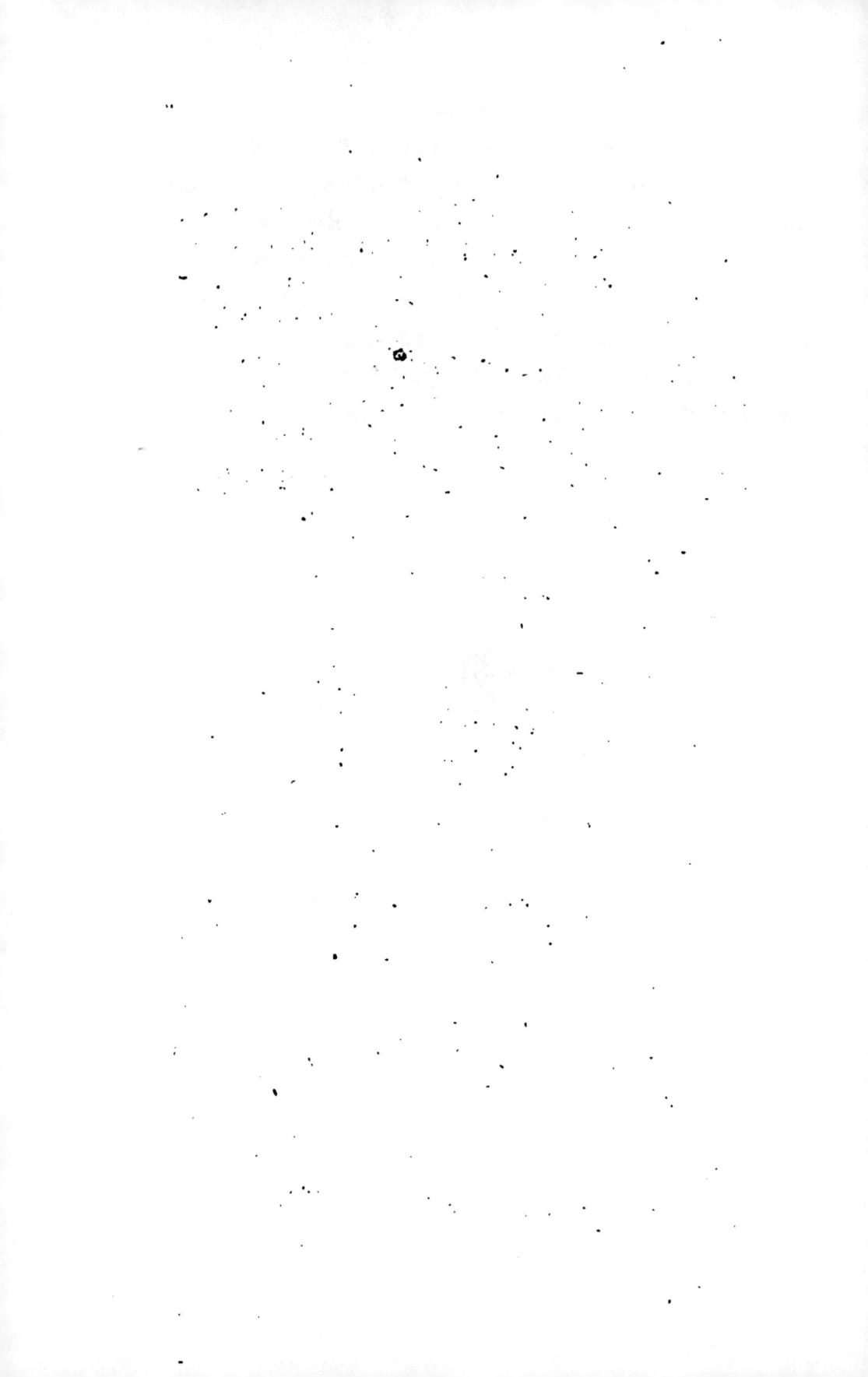

CHAPITRE IV.

VALLÉE DE LUTOURE.

Tra le solitarie valli alta foresta,
Foltissima di piante antiche, orrende,
Che spargon d'ogn'intorno ombra funesta.

. . . . . . Oh ! quante belle,
Luci il tempio celeste in se raguna !
Ha il suo gran carro il di, le aurate stelle
Spiega la notte e l'argentata luna :
   La Gerusalemme liberata.

CAUTERETS a quelques fabriques assez jolies ; c'est surtout sur les bords du Gave que vous trouverez le plus de motifs ; d'antiques façades, de vieilles boiseries, des balcons suspendus sur le torrent, rempliront dignement quelques pages de votre album. — Visitez encore les établissemens des bains, quoique ceux du village n'offrent rien de bien remarquable. — L'hôtel du Parc aussi vaste que commode, qui possède une promenade charmante, des allées bien ménagées où se réunit la société de Cauterets.

Puis quittons le village; un chemin large et facile nous conduit, par une gorge étroite, aux bains de la Rallière, le plus bel établissement de Cauterets. Il est un peu éloigné, aussi voit-on une procession continuelle de chaises; les porteurs divisés par compagnies, commandées par des capitaines, forment une grande partie de la population de Cauterets. — Après les bains de la Rallière, le chemin tourne à droite et passe devant plusieurs autres établissemens. Ceux de Saint-Sauveur, du Pré-au-Bois, de Mahourat et la Fontaine des OEufs, ainsi nommée parce que sa chaleur naturelle suffit pour faire cuire des œufs. — Les bains du Pré-au-Bois, situés sur un beau fonds, peuvent être le sujet d'un joli tableau, pour peu que vous animiez le chemin qui y conduit (1).

Laissons les bains à droite; voyez à gauche cette vallée si élevée qui vomit dans le Gave son torrent écumeux, c'est celle de Lutoure; nous lui consacrerons notre journée. — Ne vous effrayez pas de ce sentier

_____

(1) Les eaux de Cauterets contiennent du foie de soufre, du natrum, du sel marin, une terre calcaire et une autre argileuse à l'état savonneux. Les sources les plus chaudes sont de 44 degrés Réaumur. Les eaux de Barèges et de Saint-Sauveur, contiennent les mêmes principes et ne diffèrent que par les doses. Eaux de Barèges, 39 degrés, Saint-Sauveur, 32 degrés.

(D'après M. Ramon).

si roide et si difficile, vous serez amplement dédommagé de vos fatigues.

La vallée de Lutoure est extrêmement riche pour le dessinateur; les rochers, les arbres, tout y est si bien disposé, tout s'y groupe si admirablement pour une pochade, pour un croquis, qu'on croirait que c'est un artiste qui a présidé à sa création.

Vous y trouverez plusieurs sciries; toutes méritent votre attention; nous les avons vu faire très-bien en mines de plomb; une surtout a été jugée digne de la toile.

Savez-vous ce que c'est qu'une forêt de sapins? — Gravissez la montagne à droite de la vallée, et comme nous, vous direz : —Une forêt de sapins, c'est un désordre, une confusion, un cahos; ce sont des troncs vermoulus, pourris, rouges, jaunes, couvrant le sol de leurs débris; des lichens, des mousses entassés, des ronces, des framboisiers, des groseilliers et d'énormes rochers; des serpens, des vers, des insectes de toutes les couleurs, de toutes les formes; des abîmes cachés sous des fleurs, et du milieu de ce cahos, de vigoureux sapins lançant au ciel leurs têtes brunes et chevelues, affectant les formes les plus bizares, les plus sauvages; entrelaçant leurs branches de mille façons; puis une clairière et des bûcherons aux bras nerveux, qui abattent les plus beaux arbres et les précipitent sur un lit de gravier, jusqu'au fond de la vallée; et les échos qui répondent par de longs gémissemens aux coups de la coignée, à la chute des arbres. — Voilà ce que nous avons vu dans la vallée de Lutoure.

Oh! oui, la montagne a de sauvages beautés, de sublimes horreurs! Il en est qu'elle ne montre qu'à ceux qui ne connaissent ni fatigues, ni dangers pour l'admirer. — Comme nous, venez l'étudier à toutes les heures du jour, à toutes les heures de la nuit. Nous l'avons vue à cette heure où brillante sous les derniers rayons du soleil, comme sous un diadème d'or, elle congédie ses amans vulgaires, et s'enveloppe du manteau de la nuit, puis l'entr'ouvrant à la pâle clarté de la lune, elle nous a révélé ses scènes mystérieuses.

Oh! qu'elle est belle alors qu'elle étale à vos yeux, comme à travers un voile, ses vertes prairies et leur mille sources argentées; alors qu'elle vous découvre ses sombres rochers, ses noires forêts, qu'elle fait entendre sa voix douce, son murmure plaintif dans le vallon, ses mugissemens sourds, ses sifflemens aigus dans la forêt; nous l'avons encore vue le matin, pâle comme la beauté qui s'éveille, se colorer, se dorer peu-à-peu aux premiers feux du jour, puis brillante et radieuse secouer son humide chevelure au souffle de la brise, imprégner l'air de ses vapeurs parfumées, s'en former une gaze légère et modeste, peut-être aussi coquette, en voiler un instant sa beauté.

La montagne est variée; elle est grande et magnifique dans ses spectacles. — Heureux qui les comprend et livre son âme à toutes ses émotions!!!

CHAPITRE V.

—

ASCENSION AU PIC DU MONNÉ.

> . . . . . Welcome, Kindred glooms,
> Congenial horrors, hail !.......
>
> THOMSON.

PENDANT votre séjour à Cauterets, nous vous engageons à faire une ascension au Pic du Monné.

Le chemin en est assez facile et peu fatiguant. En prenant un guide, vous pourrez y monter de nuit, pour vous y trouver au lever du soleil, c'est un des plus beaux spectacles que puise enfanter l'imagination.

La vue est superbe ; vous apercevez les sommités neigeuses des Pyrénées ; votre œil embrasse une grande étendue de pays.

Cependant dans notre voyaye vous gravirez des pics
bien plus élevés; si vous redoutez la fatigue, vous
pouvez renoncer à cette course.

Le Monné a 2900 mètres de hauteur au-dessus du
niveau de la mer.

CHAPITRE VI.

DE CAUTERETS AU PONT D'ESPAGNE.

> Que j'aime les bois solitaires......
> Ces sapins, ces ciprès, leur morne majesté;
> Ces bois silencieux, leur vaste obscurité!...
> GILBERT.

> Voyez ces flots dont les nappes d'argent
> Vont inonder ce marbre blanchissant.
> VOLTAIRE.

ATTENTION et diligence, artiste, tu vas entrer dans la vallée du Pont d'Espagne, dans cet immense album où la nature étalera devant tes yeux étonnés mille tableaux différens.

Attention!.... car tout y est beau.

Diligence!....... car tu auras bien des coups de crayons à donner.

Tout est gracieux, tout est sublime dans cet étroit vallon.

Après avoir passé la cascade de Mahourat, on suit à gauche du Gave, un sentier assez large pour deux chevaux et très-bien entretenu.

N'est-ce pas que dans cette gorge ombreuse, un air balsamique et pur enivre vos sens, exalte votre imagination?.... N'est-ce pas que c'est une voluptueuse jouissance de fouler sous ses pieds le rhododrendon à la fleur rouge, au feuillage toujours vert, et la timide pensée blanche et jaune, lorsque les yeux se repaissent d'un spectacle si majestueux.

A gauche, de magnifiques forêts de sapin élèvent leurs cimes orgueilleuses jusqu'aux pics de Peyrelaus et de Rey de la Vache. — A droite, des hêtres touffus mêlent leur tendre verdure au feuillage plus foncé de vigoureux sapins. — Au milieu, le Gave roule ses vagues écumantes, qui tantôt heurtent avec violence, tantôt franchissent avec audace les énormes rochers qui s'opposent à sa course impétueuse.

Travaille, artiste, travaille, tu as devant les yeux de superbes études d'arbres de toutes les formes et de toutes les espèces, des troncs que le temps a pourri et coloré de vétusté.

Avant la cascade de Ceriset, il est une prairie où vous trouverez des motifs de la plus grande beauté, des hêtres seuls ou en groupe gracieux, des rochers de la forme la plus pittoresque. — Au fond de ce tout petit vallon, il est surtout trois rocs qui, mêlés avec quelques sapins, sont d'un très-bon effet, et puis.... vous n'avez qu'à lever les yeux, il se présente à vous les études de fond les plus variées; à chaque pas les tableaux changent, et leur magnificence vous étonne.

Nous voici à la fameuse cascade de Ceriset....

Qu'elle est belle! mais qu'il est fâcheux qu'au milieu de sa course elle rencontre un énorme rocher qui, lui faisant former un coude, la rejette à droite! Sa chute serait superbe si ses nappes d'argent se précipitaient en droite ligne sur ces blocs de marbre.

A plus de cinquante pas une pluie fine et légère, arrête les curieux qui voudraient s'approcher; bravez-la, pour jouir de plus près de ce manifique spectacle et voir l'arc-en-ciel brillant qu'y forme le soleil en se jouant au milieu de ses vapeurs argentées...... — Puis détachez un bloc de rocher que vous lancerez au milieu des vagues écumantes; dans un clin-d'œil il aura atteint le fond du gouffre sur ces précipices glissans.... Oh! si c'est le matin que vous visitez cette merveille de la nature, vous tremperez, avec un plaisir qui ne se comprend pas, le vin de votre déjeûner d'artiste, avec l'eau de la cascade de Cériset.

Défiez-vous de ce berger, qui, sortant comme une ombre du milieu des rochers où il a placé sa cabane, viendra vous offrir le lait de ses vaches; dans l'espérance de voir arriver des curieux altérés, à vous, artistes, il vous demandera le matin une forte somme du lait qu'il vous donnerait pour rien, quand la nuit chassera les voyageurs. — Si vous vous amusez à causer avec lui, demandez-lui pourquoi il a cousu dans le pan de sa veste de laine, un morceau de pain bénit; il vous répondra que c'est pour chasser les mauvais esprits qui errent dans ces solitaires vallées.

C'est le vrai type du montagnard : curieux, avide, intéressé, grossier et ignorant.

En quittant la cascade le chemin devient plus couvert, le sapin se rapproche du hêtre, l'on marche sous une voûte de verdure, et l'on foule aux pieds de superbes études de troncs d'arbres et de rochers.

Tout est beau, tout est grand, tout est sublime dans ce temple solitaire. L'on est tenté de se prosterner pour adorer le créateur.......

Les expressions manquent pour rendre ce que font ressentir à l'artiste toutes ces merveilles de la nature. C'est-là qu'on aime à rêver.... Ces lieux calmes et solitaires communiquent à l'âme de mélancoliques idées; de tendres souvenirs viennent effleurer l'imagination.... on rêve le passé...... on rêve l'avenir, surtout si l'ombre d'une femme glisse parmi ses sapins monstrueux comme une figure aërienne.... Alors le cœur s'enflamme, la tête s'exalte, l'on court pour adorer cette divinité.... Mais une cavalcade bruyante vous réveille de ce demi-sommeil d'amour, et l'illusion disparaît. L'on se range pour laisser passer les élégantes amazones et leurs aimables chevaliers.... Pauvre artiste !... et plus souvent pauvre fashionable !...

Plus on avance vers le Pont d'Espagne, moins la forêt est épaisse; des clairières sont ouvertes çà et là comme pour laisser pénétrer le jour dans ces sombres solitudes.

Au sommet des monts, les forêts de sapins sont remplacées par des rochers entrelacés de pins sauvages, retraites de l'ours et de l'isard.

On côtoye toujours le Gave qui n'est qu'une suite de cascades, parmi lesquelles se distinguent celle du pas de l'Ours et celle de Bousseze. Un peu avant d'arriver à cette dernière, arrêtez-vous, artistes, et regardez.... comme le fonds est beau !.... comme ces détails sont riches et variés !.... Il y a là un tableau tout fait, tout coordonné, en embélissant les premiers plans d'une scène de ces contrebandiers qui ont su se ménager des retraites sûres parmi ces nombreux rochers.

Bientôt le guide vous fait arrêter auprès d'une fontaine connue par la fraîcheur et la bonne qualité de ses eaux. Il n'est pas un chasseur, un porteur de chaises, un pâtre qui ne fasse halte pour boire à cette source si justement renommée.

Si jusqu'ici la nature a étalé à vos yeux de rares merveilles, elle a cependant réservé pour la fin de votre course, comme pour vous délasser, tout ce qu'elle a de plus curieux et de plus beau ; nous voulons parler du Pont d'Espagne.

Qu'on se représente un antre très-long et très-resserré, formé par de noirâtres rochers, dont les parois humides encaissent le Gave bouillonnant ; au-dessus

3

de cet abîme, quelques sapins jetés d'un roc à l'autre, et l'on aura une idée du Pont d'Espagne.

Mais qui pourra vous peindre toutes les merveilleuses beautés qui entourent cette œuvre de la nature?..

Ce qu'on y remarque, ce n'est pas le pont en lui-même, ce ne sont pas les eaux, ce ne sont pas les rochers, ce n'est pas le précipice.... mais c'est l'ensemble de ce sublime tableau....

Pour jouir de toute sa magnificence, il faut le voir de différens points.

Dessus le pont, dessous et au-delà; dessus, vous plongez, en tremblant, vos regards effrayés, dans l'abîme ténébreux et bruyant sur lequel vous êtes suspendus; vous voyez fuir les eaux tout à l'heure écumantes, maintenant paisibles à travers les rochers, et disparaître derrière les sapins....

Dessous, votre vue pénètre dans cette gorge humide et profonde, au fond de laquelle vous apercevez une cascade bouillonnante; sur votre tête les vieux sapins pourris qui formaient le pont, semblent vous menacer de leur chute, mais ils sont soutenus par de plus jeunes et de plus forts qui les remplacent.

Au-delà, le tableau s'offre à vous dans tout son ensemble, avec ses cascades, ses vieux sapins, ces rochers mousseux et couverts de plantes vivaces, avec un fond de brouillards et de pics neigeux.

Toulouse verra avec plaisir le Pont d'Espagne, figurer dans un tableau présenté à l'exposition de 1835, par M. Latour, jeune artiste plein d'avenir.

Avant de quitter ces lieux, gravissez à gauche pour aller voir la magnifique cascade formée par deux torrens. Ils viennent furibonds et bondissans, l'un du lac de Gaube, l'autre du Val de Marcadau, mêler leurs ondes écumantes et les dérouler en nappes d'argent sur les rochers qui s'inclinent devant elles.

Cette chute d'eau est plus belle que celle de Ceriset; le site est plus ouvert, et on la voit glisser de toute sa hauteur sur une pente rapide et directe.

Puis enfoncez-vous un peu à droite dans la forêt, au-delà du pont, et vous trouverez dans une espèce de clairière de magnifiques études de sapins tout couverts de lichens et de mousses. Ils entrelacent leur branches, hideusement amoureuses, les unes entre les autres, comme l'on voit quelquefois dans nos plaines monotones le lierre s'unir aux faibles branches de l'églantier, ou plutôt, semblables à des vieillards blanchis par l'âge, qui, brûlant d'ardeurs inutiles, enlaceraient dans leur bras décharnés une femme décrépite.

Maintenant, artiste, nous voulons te conduire à Gavarni; nous avons deux routes à te proposer:

Par l'une, nous passerons au lac de Gaube qui n'est qu'à une heure du Pont d'Espagne, par le Vignemale et ses magnifiques glaciers.

Par l'autre, nous te menerons dans la vallée de Marcadau, à Panticouse, ville espagnole, et de là à Gavarni: choisis.

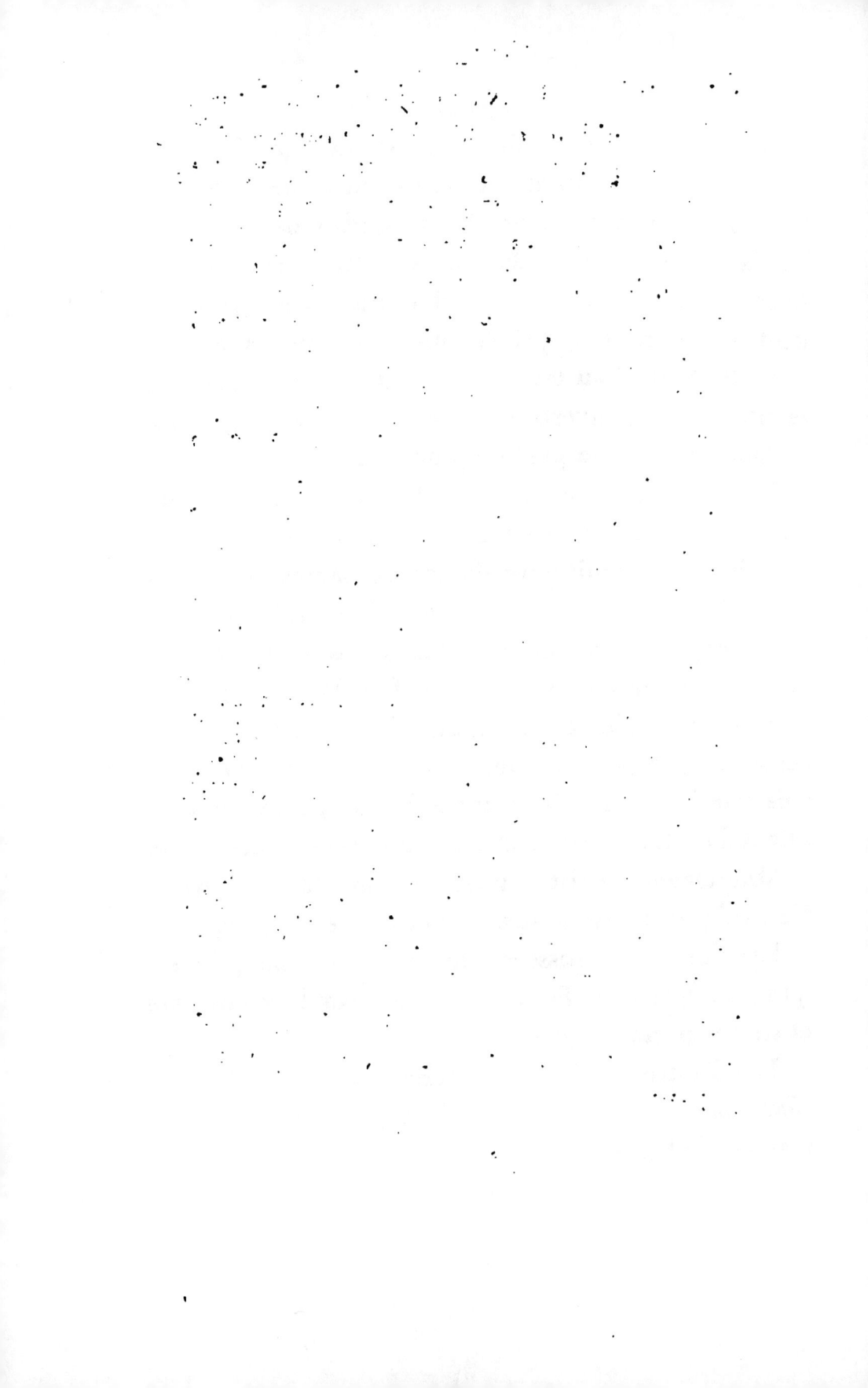

CHAPITRE VII.

DU PONT D'ESPAGNE AU LAC DE GAUBE.

O lac, rochers muets, grottes, forêt obscure !
Vous que le temps épargne ou qu'il peut rajeunir,
Gardez de cette nuit, gardez, belle nature,
    Au moins le souvenir.

Qu'il soit dans ton repos, qu'il soit dans tes orages,
Beau lac, et dans l'aspect de tes rians côteaux
Et dans ces noirs sapins et dans ces rocs sauvages
    Qui pendent sur tes eaux.

             LAMARTINE.

C'était un démi-cercle de haillons, de guenilles,
De clinquant, de fourches, de hâches, de jambes
Avinées, de gros bras nus, de figures sordides
Eteintes et hébêtées...........

             Victor Hugo.

IL ne faut pas traverser le Pont d'Espagne pour aller au lac de Gaube ; prenez à droite et enfoncez-vouz dans cette majestueuse forêt de sapins ; montez, mon-

tez parmi ces rochers et ses troncs vermoulus. A voir
ce désordre, on se croirait aisément dans une de ces
foréts vierges de l'Amérique, que la coignée du bûche-
ron n'a jamais frappé.

Oh! quel riche et immense trésor pour l'album d'un
artiste! que d'études! que de sujets!

On gravit toujours par un sentier escarpé, et plus
l'on monte, plus les sites deviennent sauvages; les
sapins diminuent, bientôt quelques pins isolés annoncent la grande forét où vous allez pénétrer.... Comme
c'est triste et beau!.... N'est-ce pas que ces pins tortus
et rabougris semblent ne pas oser s'élever vers le ciel?
A côté de ces sapins fiers et élancés on dirait des avor-
tons de la nature.

L'un a la cime dépouillée comme un vieillard
caduc; l'autre se penche comme un boiteux; celui-ci
se courbe comme un bossu; celui-là est tordu comme
un cagneux ou un manchot; ils ressemblent tous à
de pauvres estropiés, et ma bizarre imagination d'artiste les comparaît assez volontiers à cette assemblée,
nommée la cour des miracles, que l'auteur romantique de Notre-Dame de Paris a dépeint avec tant
d'originalité.

Mais traversons cette plaine découverte, sans arbres,
sans végétation, parsemée d'énormes rochers; gravis-
sons ceux qui s'élèvent devant nous...... Comme la
nature change! que ce site surprend agréablement la
vue après ces sauvages déserts!

Le lac se repose paisiblement reflettant dans ses

ondes transparentes les hautes forêts qui sont sur sa
rive gauche, les masses de granit entassés sur sa rive
droite, et les pointes neigeuses du Vignemale.

Que de majesté dans ce tableau !.... Mais n'oublions
pas que nous devons aller coucher dans une cabane
située sur le côté opposé du lac; le chemin qui le
côtoye est trop rude et trop pierreux; traversons-le
dans cette fragile nacelle qui sert au pêcheur, habitant passager de ces lieux.

En voguant, donnez un souvenir, une larme à ces
deux époux anglais qui périrent sous ces eaux tranquilles.

Tout pleins encore des tendres émotions d'une
union récente, ils moururent dans les bras l'un de
l'autre, tenant ainsi le serment qu'ils venaient de faire
de s'aimer toujours.

O vous qui comprenez le bonheur de deux époux
que l'amour a réunis, pleurez, pleurez sur ces jeunes
infortunés qui le virent s'évanouir sitôt.

Peut-être en glissant sur ces ondes légères, comme
vous, rêvaient-ils un long avenir !....

Nous voici arrivés à cette hutte de pâtres, permet-
tez-nous de vous en faire la description.

Figurez-vous un énorme rocher incliné, formant
une pente qui, à son point le plus élevé, ne donne
pas deux mètres de hauteur; trois murs de pierres
grossières et mal jointes, celui du milieu long de deux
mètres, ceux des côtés, d'un mètre, c'est au reste,
la longueur et la largeur du rocher qui forme le toit

de ce romantique réduit. — Un sapin allongé le
sépare en deux parties ; la plus petite est destinée à
recevoir deux ou trois énormes troncs formant un
vaste brasier insuffisant pour nous garantir du froid
rigoureux de ces hautes régions ; l'autre est jonchée
de branches de sapins qui seront, pour cette nuit,
le duvet de votre couche.

Courbez-vous pour pénétrer dans la cabane ; la porte
est très-basse. — Asseyez-vous sur la poutre transver-
sale, en face du feu, pour faire un repas qui ne sera
pas moins pittoresque que le séjour ; souvent les bergers n'ont pas de pain ; une épaisse pâtée de farine
bouillie dans du lait forme leur nourriture habituelle.

Leurs ustensiles consistent dans un petit chaudron,
un vase en bois pour traire les brebis, et quelques
cuillers en bois, à manche très-court, qu'ils travail-
lent eux-mêmes ; amis, voilà les seules ressources de
ce gîte.

N'est-ce pas que pour un artiste, c'est un délicieux
repas celui qu'on fait, demi-couché sur un vieux tronc
de sapin, au milieu des pâtres grossiers des Pyrénées ;
n'est-ce pas que le lait et le pain de ces montagnards
sont des mets exquis, surtout servis dans le chaudron ou le vase en bois, seule vaisselle de ses habi-
tations sauvages.

Quand vous voudrez vous reposer, après avoir causé
avec ces bergers épais, qui comprennent à peine le
patois du pays, il faudra le faire avec ordre ; les pâtres plus accoutumés au froid, se mettront du côté

opposé au feu ; laissez-les s'étendre, puis, l'un après l'autre, prenez place à leur côté, vous réduisant à votre plus simple expression, car à peine avez-vous chacun un pied de largeur pour vous reposer.

Quel curieux spectacle pour celui qui vous verrait, à lueur du feu, couchés les uns à côté des autres, n'ayant juste que la place de votre corps, sans pouvoir vous retourner ni à droite, ni à gauche, recouverts de deux ou trois mauvaises capes, seules couvertures de ces bergers, chacun retenant avec soin la partie de ce sale manteau qui lui est échu dans l'arrangement général.

Nous nous félicitons bien d'avoir doublé tous nos vêtemens, c'est-à-dire, d'avoir mis sur nous notre garderobe entière.

Artiste, n'est-ce pas qu'elle est belle la nuit passée ainsi, sous la hutte et côte à côte d'un berger sauvage, au milieu d'un désert, aux pieds du glacier du Vignemale ? Echangerais-tu ces rochers qui reluisent sur ta tête à la clarté du foyer, contre des rideaux de soie enrichis d'or. — Ces branches de sapins, contre un doux édredon ? — Les aboiemens lugubres des chiens des troupeaux, contre un doux concert. — Oh ! qu'une nuit passée ainsi est sublime de poésie.

Non, il n'en est dans la vie qu'une autre.... aussi pleine d'émotions.

Repose, artiste, dors si tu peux, demain la course sera longue et pénible.

CHAPITRE VIII.

DU LAC DE GAUBE A GAVARNI.

> Salut! brillans sommets, champs de neige et de glace,
> Vous qui d'aucun mortel n'avez gardé la trace,
> Vous que le regard même aborde avec effroi,
> Et qui n'avez souffert que les aigles et moi.
>
> LAMARTINE.

> La mort est plus aisée à supporter sans y penser, que
> la pensée de la mort sans péril.
>
> PASCAL.

RÉVEILLE-TOI, artiste, secoue ces vieux haillons sous lesquels tu as reposé; en marche, car l'aurore descend du haut de ces montagnes.

Ferme tes boîtes, tes portefeuilles et ton album;

aujourd'hui point de paysages à dessiner, mais des dangers à courir, des émotions à éprouver, des neiges et des glaciers. à traverser; en un mot, le pic du Vignemale à gravir.... En marche et débarasse-toi sur ton guide de tous tes bagages; suspens en bandoulière un flacon d'eau-de-vie, chausse des espardeilles, regarde si ta pique est bien acérée, si tes crampons sont solides, car les glaciers sont rudes et glissans.

Pour aujourd'hui, adieu à la palette et aux crayons; le souvenir des lieux où tu vas passer ne sera empreint que dans ton âme; prépare-la à de terribles épreuves; les périls sont grands; la mort t'apparaîtra béante comme les crevasses des glaciers que tu vas braver..... En avant, donc, artiste, et du courage!...

Nous voici en route, traversant la petite vallée d'Esplumeaux nue et aride, avec ses rochers aigus et ses pins grêles et rampans. Le Gave, fidèle compagnon de notre voyage, offre à nos yeux plusieurs cascades fort belles; dans une heure et demie nous sommes au pied du Vignemale. Nous prenons à gauche, gravissant péniblement les rochers entassés sur cette pente rapide; de temps en temps quelques gouttes d'eau-de-vie mêlées dans une eau glacée, nous donnent de la force et du courage.

Nous suivons le chemin que parcourut la duchesse de Berri dans son courageux voyage des Pyrénées, mais après deux heures d'une montée fatiguante, au lieu de prendre comme elle à gauche, pour descendre dans la vallée de Lutour, nous tournons à droite.....

Artiste, c'est ici qu'il faut rassembler toutes les forces de ton âme.... Devant toi le cirque de Vignemale déroule son amphithéâtre granitique; vois-tu ces glaces éternelles qui s'étendent en pente rapide le long de la montagne? — Où passons-nous? — c'est le cri que nous poussons tous. — Là, — nous répond le guide.... Et d'une figure impassible, il nous montre cette surface glissante qui cache sous des neiges éternelles, des précipices profonds. — C'est-là qu'il faut monter. — Impossible, si nous glissons, nous roulons dans ces abîmes, au milieu de ces larges crevasses. — C'est-là le seul chemin pour aller à Gavarnie; reculez-vous? — Non, certes. — Et nous chaussons les crampons, nous saisissons d'une main hardie nos bâtons ferrés, et nous voilà marchant gaiement sur ces neiges éternelles.

Dès les premiers pas, les difficultés semblent nous fuir; la neige n'est pas dure, les crampons y pénètrent facilement.... mais en avançant vers le glacier, elle se durcit et résiste à ces pointes aiguës, et nous sommes suspendus sur des abîmes qui déroulent sous nos pieds leurs blanchâtres horreurs.

Oh! ç'aurait été beau de nous voir dans cette course aventureuse, tantôt nous enfonçant sous une neige fraîche, retenus dans nos disparutions par le long bâton ferré que nous croisions sur notre tête, tantôt creusant avec force dans la glace la place de nos pieds, suivant exactement les traces du guide, ne retirant un pied qu'après avoir consolidé l'autre et enfoncé notre pique d'une main affermie par le danger. Et puis la voix lugubre du guide qui nous criait toujours : Ne regardez pas en bas.... ne parlez pas.... Si vous glissez, ne lâchez pas votre pique, plantez-la vivement dans la glace pour vous retenir.... Halte ! buvez une gorgée d'eau-de-vie, voici un bien mauvais pas... — Et certes il fallait que cela fut, pour qu'un homme accoutumé à braver les dangers, parlât de la sorte.

Notre imagination enfantait de nouveaux périls ; elle nous représentait sous les pieds, des abîmes recouverts d'une neige légère, dans lesquels nous allions disparaître, ou bien glissant sur cette surface unie, au fond des gouffres entr'ouverts ; et nous continuions toujours cette ascension sublime où chaque pas nous donnait une émotion.

Mais, ô surprise ! ô bonheur ! des chasseurs poursuivant, sans doute, l'ours ou l'isard timide, viennent de passer par-là, ils ont laissé dans la neige l'empreinte profonde de leurs pas assurés.... Nous suivons leurs traces, et bientôt nous parvenons au sommet....

A genoux, artiste, à genoux, remercie l'éternel....

Oh ! il faut avoir éprouvé les peines et les inquiétudes de cette course miraculeuse, pour comprendre quelle joie enivrante on goûte une fois arrivés à la cime.... Un air vif et frais, un ciel pur et d'un bleu-noir ; dans le lointain, les tours du Marboré, la brèche de Roland, le mont Perdu, la Maladetta ; en face, les magnifiques glaciers du Vignemale ; à nos pieds, d'un côté, la pente périlleuse que nous venons de gravir, et de l'autre, un penchant plus doux que nous descendons en courant dans une demi-heure; nous avions mis cinq heures pour monter l'autre.

Vous qui nous lisez, qui que vous soyez, sans doute, vous avez fait quelquefois, dans votre vie, des repas champêtres.... dans l'ombre d'un bois touffu ou sur le sommet d'une haute montagne, ou dans une verte prairie. — Ils étaient bien agréables, sans doute. — Mais dites, en avez-vous fait de comparables à celui que je vais vous décrire :

Dans un désert affreux, aux pieds des glaciers du Vignemale, assis sur un rocher isolé dans ces neiges, auprès d'une fontaine fraîche, enfant de ce pic chauve et ridé, voyant sur les côteaux voisins de nombreux isards fuyant avec rapidité au cri que nous poussions; sur notre tête le vautour, l'aigle royal, des corneilles au bec et aux pattes rouges, jaunes ou blanches.... Oh! dites, en avez-vous fait d'aussi pittoresques?

Le Vignemale est élevé de 3,356 mètres au-dessus du niveau de la mer.

Continuons notre route pour Gavarni. Au moins, artistes, ayez soin de choisir un bon guide; le nôtre nous égara au milieu de ces lieux sauvages; tantôt nous passions sur des ponts de neiges, entendant le Gave mugir sous nos pas; tantôt nous cramponant avec les pieds et les mains, nous escaladions un rocher à pic au-dessus d'un précipice profond. Enfin, après bien des peines et des fatigues, nous descendîmes par le lit déséché d'un torrent, dans la vallée d'Ossone, vallée, découverte et sans arbres, mais qui nourrit sur ses vastes pâturages de nombreux troupeaux.

En entrant dans la vallée, le Gave s'y précipite par une cascade superbe, et dans son cours jusqu'à Gavarni, il offre plusieurs chutes remarquables.

Vers le centre du vallon, on voit, à droite, une haute montagne taillée à pic; au milieu se trouve une ouverture isolée d'où jaillit une belle cascade, nommée Tapou d'Ossou, roulant en écume à deux ou trois cents pieds plus bas.

Bientôt on trouve quelques cabanes de bergers qui annoncent l'approche de Gavarni; après avoir traversé un bois touffu, nommé la forêt de Saint-Savin, on atteint le village.

Lorsqu'on a marché douze heures, ce qu'on désire le plus, c'est le repos.

CHAPITRE IX.

DU PONT D'ESPAGNE A PENTIGOUZE.

Là, des torrens séchés, le lit seul est la route ;
Tantôt les rocs minés sur lui pendent en voûte,
Et tantôt sur leurs bords, tout à coup suspendu,
Il recule étonné ; son regard éperdu
Jouit, avec horreur, de cet effroi sublime,
Et sous ses pieds long-temps voit tournoyer l'abîme.

Al. DE LAMARTINE.

Adieu, patrie,
Izaure, adieu !

C. DELAVIGNE.

Au Pont d'Espagne finit la région des sapins ; nous ne trouverons plus que le pin sauvage, et bientôt même, devenue entièrement stérile, la nature ne nous offrira que le rocher nu et le glacier séculaire. — N'anticipons pas, pénétrons d'abord dans la vallée du Clot, qui n'est que la première partie du Val de Marcadau, qui sépare le Pont d'Espagne du port.

Une prairie large et découverte, un Gave qui, fatigué d'un cours impétueux, repose ses ondes pures et silencieuses; un troupeau de cavales entourées de leurs poulains bondissant, quelques vaches ruminant sur le gazon; puis un éboulement, un châlet perdu dans les rochers, et deux pâtres immobiles comme eux, comme eux, habitans insensibles de ce désert. — Voilà la vallée du Clot, et pour fonds de ce tranquille et silencieux paysage, des pins sauvages et sombres enlaçant les rochers brunis de leurs mille racines, des torrens qui grondent et mugissent comme la voix lointaine d'une grande cité; puis un horizon de hautes montagnes sinueux et crénelé.... Oh! n'est-ce pas que volontiers on se laisserait aller sur ce gazon à de longues rêveries, à mille pensées, mille idées. — Idées incohérentes et fugitives, brillantes comme le nuage doré, sombres comme la forêt, pures et douces comme le ruisseau tranquille, tumultueuses comme le torrent écumeux.

La course est longue pour s'arrêter au départ; allons!

Le Val de Marcadau appartient au canton d'Argelès; riche en pâturages, il est depuis longues années le sujet de nombreuses querelles entre les pâtres de France et ceux d'Espagne, querelles que les puissantes houlettes de ces bergers, demi-sauvages, jugent bien plus souvent que la balance de la justice.

On appelle port, dans les Pyrénées, un passage ouvert sur une chaîne principale, et hourquette celui qui ne donne accès qu'à travers une chaîne secondaire. Généralement tous les passages frontières reçoivent le nom de port. Celui du Marcadau n'offre pas de grandes difficultés sur son versant français. — Avant d'en commencer l'ascension, dites adieu à toute végétation, car rarement un tapis de verdure maigre et jauni, un pin sans sève et sans vie, viendront reposer vos yeux effrayés de tant de nudités et de sauvagerie.

Lecteur, ici je te demanderai à quelle classe de voyageurs tu appartiens. — Es-tu de ceux qui voyagent pour dépenser la vie, qui vont pour dire j'ai été, qui voient pour dire j'ai vu; ou bien encore de ceux qui vieillis sur les grandes routes, vingt fois ont quitté leur patrie, vingt fois l'ont revue sans trouver une émotion dans leur âme blasée.... Oh! alors franchis ce port d'un pas insouciant et ris, si tu veux, de mon âme jeune et impressionable.... Mais si pour la première fois tu poses le pied sur la terre étrangère, avec moi jette un regard d'adieu sur ta patrie, donne-lui le regret que l'enfant donne à sa mère lors de leur première séparation.... Puis saluons ensemble cette Espagne toujours vieille, terre monarchique et religieuse, dont le peuple arriéré dans la science des révolutions n'a pas encore converti ses haines en épigrammes, et changé son épée sanglante contre la plume ascétique du journaliste.

N'est-ce pas que l'imagination complaisante prête

à ces monts Aragonnais une couleur, une physionomie étrangère, et qu'à chaque pas on croit reconnaître à la nature des caractères nouveaux?

Qu'il est affreux et sauvage ce côté du port! Quel entassement de rochers! Ici, lisses et glissans, là, suspendus sur l'abîme et menaçant vos têtes au moindre souffle du vent; ici, plus de chemin, pas même un étroit sentier; seulement de distance en distance quelques pierres amoncelées dirigent vos pas timides et incertains. — Et pourtant de hardis contrebandiers, montés sur leurs mulets, franchissent, chaque jour, cette barrière qui paraît inaccessible; et nous mêmes, confiant nos vies à ces montures au pied solide et léger, tantôt enlacés à leur cou, tantôt cramponnés à leur croupe, nous nous sommes aventurés dans ce désert, plongeant nos regards fascinés dans les abîmes sur lesquels nous passions suspendus.

On nomme BASSE MALLIE tout le pays qui sépare le port des bains de Penticouze. On côtoye cinq ou six lacs du même nom; le dernier plus petit, mais dans un site plus remarquable, est en partie alimenté par la *fuonte de l'unione.*

C'est par un précipice perpendiculaire et vraiment effrayant, que vous descendez aux bains de Penticouze. — C'est un amphithéâtre immense, un de ces cirques, tout particuliers aux Pyrénées; un vaste établissement, seule et unique habitation, assis comme un palais enchanté aux pieds du cirque et dominant un lac d'une belle étendue. Nous avons regretté de ne pas trouver au bâtiment cette architecture grande et sévère qui lui conviendrait si bien en ces lieux.

Deux heures de marche nous séparent encore de Penticouze, mais le chemin est facile et bien tracé. Il suit les bords d'un Gave, et se précipite avec lui dans une gorge bien hideuse et bien sombre; parvenus à son extrémité, nous découvrons la ville nue et négligée comme une pauvre fille de la montagne, sentinelle posée à l'entrée de la vallée du Pouïe, dominée par la chaîne la plus imposante que nous ayons encore admirée.

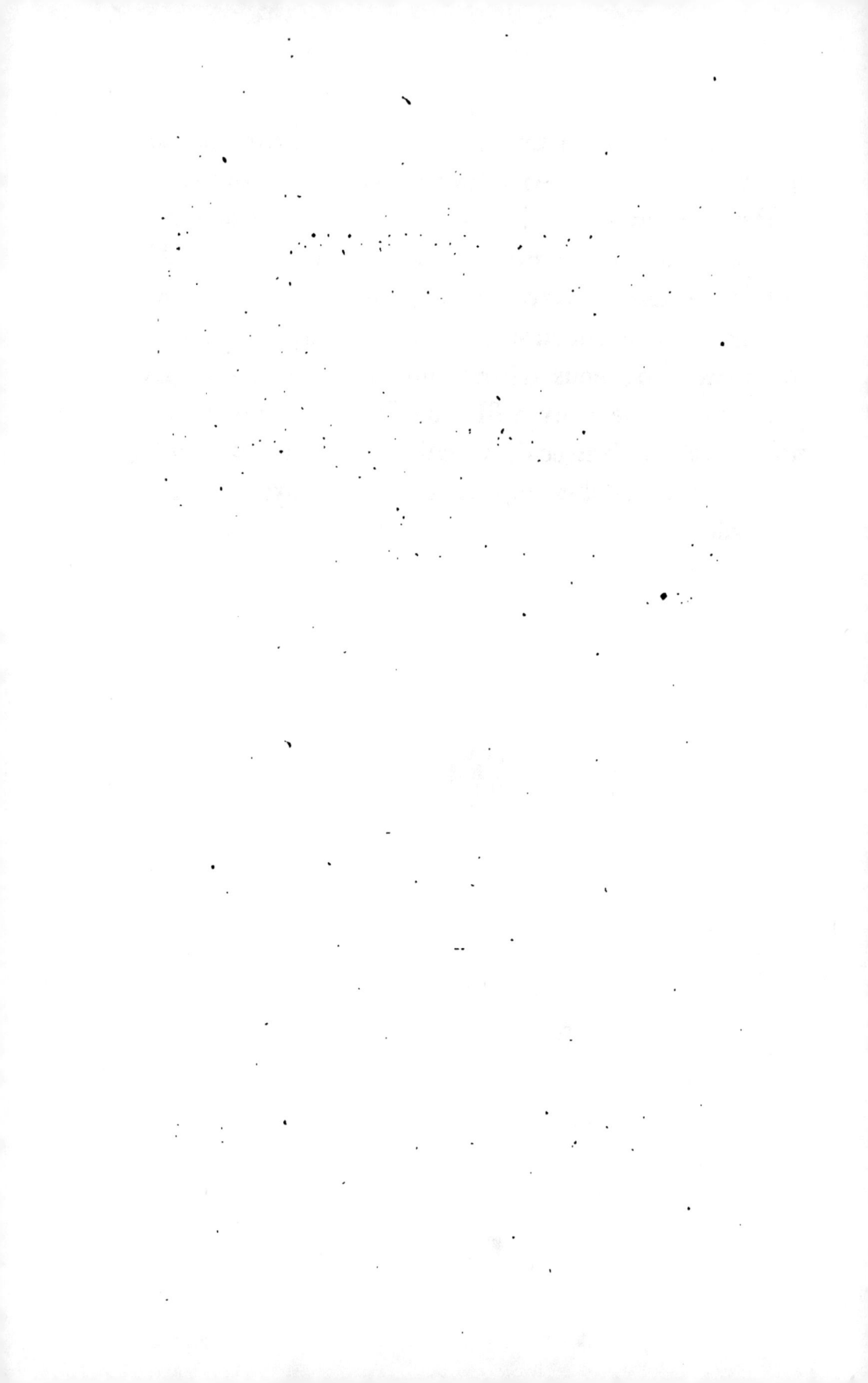

CHAPITRE X,

DE PENTICOUZE A GAVARNI.

Qui non palazzi, non teatro o loggia,
Ma'n lor vece, un abete, un faggio, un pino,
Fra l'erba verde e'l bel monte vicino,
Levan da terra al ciel nostr'inteletto.

La ville de Penticouze, petite et mal bâtie, n'a
rien de remarquable, si ce n'est son église qui jus-
tifie bien toute l'idée que vous pouvez avoir des édi-
fices religieux en Espagne.

L'extérieur en est modeste et tout villageois, et
ne répond guère à l'intérieur ; six colonnes qui suppor-
tent une nef d'une hauteur imposante, un luxe étonnant,
de sculptures et de dorures, des autels chargés d'or-
nemens, un demi-jour doux et religieux, en font

une église qui ne serait pas déplacée dans nos plus grandes cités.

Les étrangers sont bien accueillis sur toute la frontière ; c'est l'alcade ordinairement ou le plus riche habitant de l'endroit qui donne l'hospitalité. Un blazon orgueilleusement sculpté sur la porte d'un taudis, et reproduit sur la toile dans un salon, vrai magasin de friperies, vous annonce que vous logez chez une notabilité provinciale.

On vous offrira la cioccolata, et gardez-vous de refuser ; tendez aussi votre verre à ce flacon rempli d'un vin qui vous paraîtra d'autant plus exquis que rarement dans les Pyrénées françaises vous en aurez trouvé de potable.

La ville de Pouïc, qui n'est qu'à un quart d'heure de Penticouze, et qui donne son nom à la vallée, est moins remarquable encore ; les mulets seuls ont accès dans le pays ; on n'y trouve pas même un chemin ouvert au modeste char du laboureur ; la terre nous a paru riche ; une belle végétation, des arbres vigoureux semblent promettre d'heureux résultats à l'agriculture ; cependant quelques champs de blé nous ont à peine annoncé un travail et des soins peu soutenus et mal dirigés. Les habitans de cette vallée emploient leur industrie à l'éducation de troupeaux, dont la laine très-estimée est pour eux d'un grand produit.

La course est longue de Penticouze à Gavarni ; un jour suffit à peine pour franchir ces arides déserts. — Oh! oui, véritables déserts, car vous ne trouverez pas

une habitation de toute la journée, si ce n'est quelque
lutte chétive de pâtres espagnols, mais si sales et si
puantes, qu'il vaudrait mieux mille fois chercher le
repos sur la roche froide et dure.

Après deux heures et demie de marche, on trouve
le lac Cattiéro, dominé par le pic du même nom. On
passe ensuite le port d'Ordisson, d'un facile accès, et
l'on s'élance dans la vallée de Servillonat.

Qu'elle est pauvre et triste cette vallée! Elle donne
du froid à l'âme, inspire une espèce de terreur invo-
lontaire; qu'on y est loin de toute habitation, de toute
civilisation! Ces pâtres, dont le corps robuste, immo-
bile au sommet d'un roc, se dessine sur le ciel azuré,
avec leur large sombrero et leur manteau richement
drapé, ne vous semblent-ils pas des êtres mystérieux,
divinités protectrices de la vallée? — Et quand leur
voix se mêle, puissante et sonore, au cri sauvage de
l'aigle, ne croyez-vous pas entendre la voix du maître
qui commande au désert? — Oui, pour si peu qu'il y
ait de poésie dans votre âme, vous trouverez dans cette
course d'immenses jouissances, d'inépuisables sujets
d'inspirations pour l'avenir.

Voyez-vous dans le fond de cette gorge, ce troupeau réuni, ces bergers dont les sifflemens aigus exci-
tent l'attention vigilante des dogues, ces fidèles gardiens
qui rodent, l'œil farouche et flamboyant, autour du
troupeau? Puis ces moutons qui défilent un à un devant le pâtre, comme une troupe bien disciplinée devant son chef? Ne pensez-vous pas que ce tableau,

dominé par le Vignemale, arrosé par le torrent de Servillonat, serait d'un merveilleux effet?.

Mais laissons le troupeau, et tâchez de le franchir ce torrent sans rouler dans ses ondes, ce qui ne nous a pas paru très-facile. — Le port d'Ossou ou Ossone se présente ensuite, dernière barrière qui nous sépare de la France. De l'autre côté, nous trouvons le sentier qui conduit du lac de Gaube à Gavarni.

CHAPITRE XI,

GAVARNI,

> Les très-grands sujets comme les très-grands objets sont peu propres à faire naître les grandes pensées ; leur grandeur étant, pour ainsi dire, en évidence, tout ce qu'on ajoute au-delà du fait ne sert qu'à la rapetisser.
>
> CHATEAUBRIAND.

GAVARNI!!! salut. — Salut merveille de la nature!!

En face de ce spectacle, qui oserait hasarder une chétive description ? Qui pourrait rendre les beautés de ce sublime tableau ?

Je préfère, artiste, te livrer à ton imagination. Ne te semble-t-il pas être près d'un lieu saint, habité par quelque divinité? N'es-tu pas tenté de te prosterner?

Pour moi, je crus voir un temple, je crus entrer dans l'imposante demeure du Dieu des hivers, et certes, pourrait-il en choisir une plus digne de lui? Les gradins de ce superbe amphithéâtre ne sont-ils pas des marches assez élevées? Son trône ne serait-il pas bien placé sur les tours du Marboré? Ne dominerait-il pas d'assez haut son effroyable royaume? — Je me figurais le voir commander aux élémens de se livrer un combat, ordonner aux vents déchaînés de tourbillonner les neiges, les lancer au-dessous de lui en avalanches désolantes; je croyais entendre sa voix, terrible comme les rugissemens d'un lion, grondante comme le tonnerre; il me semblait le voir errer furieux sur ces glaciers éternels, et puis, après ces redoutables travaux, se reposer calme et fier dans de ténébreux brouillards.

O vous qui verrez ces lieux, vous excuserez les écarts de ma jeune imagination! N'est-ce pas, artiste, qu'un orage serait beau à voir dans le cirque de Gavarni?

Avant de nous mettre en route pour aller le visiter, parcourons le village.

Rien de pittoresque, rien d'extraordinaire, quelques maisons éparses çà et là, une petite église récemment bâtie, qui a succédé à l'ancienne chapelle des Templiers, voilà Gavarni.

On montre aux étrangers la porte, seul reste gothique, sur laquelle sont les armes de l'ordre, et douze cranes humains qu'on dit être ceux des Templiers décapités dans ces lieux.

Un des murs de la chapelle a été enfoncé par un

rocher, qui roula, il y a deux ans, du haut de la montagne voisine.

Puis nous prenons à gauche et cotoyons le Gave, qui semble fier de tirer son origine de la cascade de Gavarni ; on le traverse sur un petit pont de bois.

Artiste, c'est ici qu'il faut t'arrêter ; ouvre ton album, garnis ta palette, car ici est le véritable point pour prendre la vue de Gavarni ; je dirai presque que c'est le seul. — L'imagination n'aurait pas de grands frais à faire pour composer un tableau ; il semble tout coordonné par la nature. Sur le devant, le Gave écumeux, une jolie ferme, de vastes prairies, que vous pouvez animer de quelques scènes pastorales, et dans le fond, le cirque avec toute sa majesté.

Du village, vous auriez cru avoir atteint dans un quart d'heure le but de votre course, cependant après une heure de marche vous en êtes encore assez loin. Le cirque semble s'éloigner à mesure qu'on avance. — Enfin, après avoir gravi une petite colline qui cache l'entrée, il s'offre à nous dans toute sa magnificence.

Représentez-vous un vaste amphithéâtre semi-circulaire, dont les gradins, couverts de neiges éternelles, semblent toucher le ciel, et d'où s'élancent douze cascades écumantes. La plus belle a 1266 pieds de hauteur, c'est la chute la plus élevée qui soit en Europe. L'Amérique n'en contient qu'une qui soit plus haute ; elle a 1800 pieds.

Mais viens, artiste, à travers les glaces et les rochers, viens pénétrer sous la voûte de neige, bravons cette pluie fine et glaciale qui n'en défend l'entrée qu'aux curieux timides; saisis ton bâton ferré et montons sur le pont de glace. On dirait qu'il tremble sous nos pieds.

Dieu! quel beau moment!! quel instant plein d'émotions, au milieu de crevasses, d'abîmes et de glaces séculaires; les yeux fixés sur ces douze cascades, dont les eaux transparentes semblent étendre un voile de vapeur sur ces horribles lieux, aux pieds de ces monts célèbres, dont l'œil mesure à peine la hauteur perpendiculaire........ Mais la voix prudente du guide vient nous tirer de notre rêverie exaltée et nous fait quitter ces lieux. — Nous foulons sous nos pieds la pensée, le rhododendron, le coquelicot jaune, le Napel bleu au parfum empoisonné, et mille autres fleurs dont le cirque offre une abondante moisson au botaniste.

Maintenant, si vous en avez la force et le courage, gravissez ces monts élevés pour aller voir la brèche de Roland, qui semble une porte de communication entre l'Espagne et la France. C'est une large ouverture entre deux montagnes taillées à pic, et d'après la chronique fabuleuse du pays, c'est l'épée redoutable de Roland qui les a séparées.

Le village de Gavarni est de 1444 mètres au-dessus du niveau de la mer.

CHAPITRE XII.

DE GAVARNI A GÈDRE.

Voyez que tout soit prêt pour la cérémonie:
C. DELAVIGNE.

Hozanna in excelsis!

C'ÉTAIT le 27 du mois d'août en l'an 1834, à dix heures du matin. — La nuit avait été froide et pluvieuse, le cirque avait paré son front d'une neige nouvelle et couvert les rides de ses vieux glaciers. — Un beau soleil d'été dorant les tours du Marboré, les dessinait sur un ciel d'azur, et les neiges, fondues à cette douce chaleur, s'élançaient dans le Gave par les douze cascades du cirque, qui mugissaient comme un tonnerre lointain.

Des forêts de sapins s'élevait une vapeur légère, qui ne laissait voir ce vaste amphithéâtre qu'à travers une gaze bleue.

Voilà le fond de mon magique tableau. — On dirait la rêverie d'un poète, ou le conte féerie d'une grand'mère à ses petits enfans!

Sur le premier plan un groupe de chaumières dont la toiture mousseuse reflette les rayons du soleil, un sentier qui gravit péniblement une colline pierreuse, et conduit à l'église isolée du hameau; sur ce sentier, une croix qui chemine lentement, suivie d'une procession de jeunes filles, la tête modestement baissée sous leurs voiles de Barèges; puis d'autres jeunes filles au capulet rouge; puis des hommes enveloppés dans leurs manteaux bruns, le capuchon sur la tête; puis, enfin, une crosse, une mitre, quatre prêtres à cheval, un évêque au milieu et un homme à écharpe tricolore, à chapeau noir, conduisant par la bride le cheval du vieux prélat. — Le son argentin de la cloche, les voix pures des jeunes filles, les chants mâles et cadencés des hommes se mêlaient au bruit sourd des cascades et le dominaient de temps à autre. . . . .
. . . . C'était l'évêque de Tarbes visitant ses ouailles dans le dernier village français, — et lorsque, devant le cirque, en présence de cette nature gigantesque et majestueuse, dont les mille

voix s'élevaient vers le créateur, il nous a donné sa béné-
diction pastorale; prosternés, nous avons cru voir l'Éternel descendre sur la montagne à la voix de son ministre.

Maintenant si vous voulez analyser le tableau, en
voir la partie grotesque, faire connaissance avec le
comique de la scène; nous vous dirons que le haut
et puissant personnage qui guidait le coursier de
Monseigneur, l'homme à l'écharpe, au chapeau noir,
c'était Monsieur le Maire, son adjoint et son conseil
municipal; l'aubergiste et de plus le cuisinier de
l'endroit, en un mot le maître Jacques : nous le vîmes
cumulant d'honorables fonctions, échanger dans une
même journée, le bonnet de coton et le tablier blanc,
contre l'écharpe nationale, débrider les chevaux et
partager avec Monseigneur le repas, chef-d'œuvre de
son talent culinaire.

Si, comme nous, vous avez vu le cirque dans toutes
ses phases, si vous l'avez admiré dans tous ses effets,
et il en a autant que d'heures dans la journée, peut-
être autant que de jours dans l'année; comme le
nôtre aussi votre adieu sera long et pénible, parce
que Gavarni a des beautés qui ne trompent jamais,
que la parole ne peut rendre, que l'art ne saurait
reproduire, que l'imagination elle-même n'enfante pas.

De Gavarni à Gèdre nous ne trouvons de remarquable que le Chaos. — Mais quel est donc cet amas
de rochers, masses énormes et gigantesques, amoncelées en désordre les unes sur les autres? Ne dirait-
on pas les décombres d'une immense cité, ou l'irrup-

tion d'un volcan impétueux? Quelle peut être la puissance qui a ainsi bouleversé cette montagne? Cette gorge aurait-elle été le champ de bataille de quelque armée de géans, ou bien la nature elle aussi serait-elle soumise à la main dévastatrice du temps? — Oui le temps promène sa faux sur toute la création, ses outrages sont lens sur la nature, mais ils sont plus affreux; et le Chaos n'est qu'une ruine, un champ funéraire, trophée de sa puissance. Ces rocs aujourd'hui baignés par le torrent, s'élançaient orgueilleux dans la nue et ne recevaient sur leurs flancs que l'habitant des airs.

Si c'est par une belle journée que vous faites cette course, retournez-vous après avoir passé le Chaos, et vous verrez la brèche de Roland ajouter un effet piquant à ce site déjà si original.

Gèdre est un village assez riant, qui partage le chemin de Saint-Sauveur à Gavarni; il possède un beau pont, qui forme un tableau fini. Descendez à la gauche du Gave rien à ajouter, rien à retrancher; l'église, le pont, l'auberge de maître Palasset, les arbres, tout est à sa place.

C'est un joli site et non pas une grotte que la grotte de Gèdre; deux rochers dont l'un s'incline et se penche sur son voisin, forment presque une voûte au torrent. Ainsi point de parois brillantes de stalactites, mais une belle verdure et beaucoup de fraicheur. — C'est du reste ce que nous avons vu en mille autres endroits, sur les bords du Gave.

CHAPITRE XIII.

EXCURSION A LA CHAPELLE D'HÉAS.

> Cependant on arrive dans le temple. . . . . .
> Il y avait deux troupes de jeunes garçons et de
> jeunes filles qui chantaient des vers.
>
> FÉNÉLON.

> A peine de nos cours le chantre matinal,
> De cette grande fête a donné le signal ;
> Femmes, enfans, vieillards, rustique caravane,
> En foule ont déserté le château, la cabane :
> A la porte du temple, avec ordre rangé,
> En deux files déjà le peuple est arrangé.
>
> J. DELILLE.

Un Jour, et il y a bien long-temps de çà, l'on vit une clarté extraordinaire briller dans les airs ; les cieux s'entr'ouvrirent, et un nuage argenté, à la lu-

mière douce et azurée descendit lentement porté par
les séraphins qui chantaient en chœur les louanges du
très-haut: sur cette nuée radieuse la vierge Marie tra-
versait les airs tenant dans ses bras l'enfant Jésus.
Le cortége s'avançait lentement et avec majesté; il vint
s'arrêter dans la vallée d'Héas, et les anges déposè-
rent leur reine sur le rocher de la Raillé, qui lui
servit de trône; les fidèles, attirés par ce miracle,
vinrent en foule se prosterner aux pieds de la
mère de Dieu et en obtinrent mille faveurs.

En commémoration de cet éclatant prodige, trois
pieux maçons se mirent à construire une chapelle
non loin de ces lieux. Le ciel ne fut pas en reste
avec eux, il récompensa leur dévouement en les
nourrissant d'une manière miraculeuse; tous les jours
il leur envoya trois chèvres avec leurs petits chevreaux, et le lait leur servait d'aliment. Vers la fin
de leurs travaux, ennuyés sans doute de la monotonie de la nourriture, ils résolurent de manger
un des trois chevreaux qui suivaient leurs mères;
le projet fut bientôt exécuté, mais le châtiment
suivit de près le crime; les chèvres ne reparurent
plus.

Ami, voilà l'histoire que tous les habitans de Gèdre
et des environs te raconteront si tu leur parle de
l'origine de la chapelle d'Héas.

C'est une dévotion très-renommée dans les Pyrénées; le 15 août et le 8 septembre, de toute parts
on vient visiter ce saint lieu, et si vous avez le

projet de faire cette course choisissez un de ces deux jours ; elle serait moins agréable dans un autre temps..

Pour aller à Héas on monte le sentier qui est en face du pont de Gèdre, puis l'on tourne à droite dans un chemin ombragé de frênes et d'érables. Quand on a rejoint le Gave, on parcourt, en le côtoyant, un désert sauvage, et après une heure de marche on arrive au milieu d'un amas de rochers qui ressemble assez au Chaos de Gavarni.

Parmi tous ces blocs, un s'élève au-dessus de tous les autres, c'est le caillou de la Raillé qui servit de marchepied à la reine des cieux.

De là on aperçoit dans le fond de la vallée la chapelle but de cette course ; car elle n'est pas bâtie auprès du rocher comme le prétendent des écrivains qui, sans doute, ont fait ce voyage dans leur cabinet.

Voyez-vous du haut de ces monts descendre lentement ces pélerins français et espagnols, des prêtres, des moines, des femmes, des viellards courbés sous le poids des ans, et de jolis enfans se tenant au cotillon de leur mère, tous se rendent à la chapelle d'Héas.

Des processions de jeunes garçons et de jeunes filles s'avancent chantant des cantiques en l'honneur de Notre-Dame ; la bizarrerie et la diversité de leur costume font un effet charmant ; le bleu, le jaune, et surtout le rouge et le blanc, dominent dans ces groupes gracieux.

Ils entrent dans l'église et se prosternent ; les uns.

demandent des grâces, des faveurs ; les autres remercient de les avoir obtenues.

Pendant la messe on fait circuler dans les rangs des fidèles une petite statue de la vierge revêtue du costume nationnal ; ils la baisent aux pieds et aux mains avec un respectueux empressement.

A voir ces montagnards ainsi prosternés, on dirait des âmes simples et pures adressant au ciel de dévotes oraisons, et cependant dans ces cœurs humbles en apparence, se forment souvent des projets de plaisirs. Cette fête qui se fait sous un prétexte de religion, se termine toujours par un libertinage scandaleux, déplorable effet des passions ! le motif sacré de ce pélerinage, la sainteté du lieu, rien n'arrête ces fougueux montagnards. Après les cérémonies réligieuses, quand le soir répand les ombres dans cette triste vallée, les orgies commencent ; les amans retiennent leurs maîtresses, de nouvelles liaisons sont formées, l'intrigue se noue et le dénouement suit de près ; souvént plus d'une jeune fille pure encore le matin, revient criminelle sous le toit paternel, embrasser son vieux père dont elle doit souiller les cheveux blancs.

La chapelle n'offre rien de remarquable ; elle est d'une forme moderne et trop petite pour le concours des pélerins qui s'y pressent.

Une grande statue de Notre-Dame, grossièrement faite et couverte d'un capulet, est placée sur l'autel. Les murs sont recouverts de petits tableaux, plus bizarres les uns que le autres, et qui rappellent les grâces obtenues dans ce lieu. Près de la chapelle sont groupées quelques fermes où vous trouverez du lait.

Pour retourner à Gèdre, en passant sur les nombreux rochers qui sont épars çà et là, sous le caillou de la Raillé, vous verrez, à travers les crevasses, l'eau couler limpide et pure ; vous l'entendrez murmurer sous vos pieds ; c'est là que se trouvait jadis le lac d'Héas. Mais après un orage épouvantable les eaux rompirent les digues qui les retenaient dans ces lieux, se précipitèrent furieuses dans la vallée de Gèdre, entraînant après elles, rochers, arbres, fermes et animaux ; plusieurs maisons de ce village, entr'autres une partie de l'auberge de Palasset, ainsi que le pont, furent emportés. Le valon fut dévasté et couvert des débris de cette épouvantable inondation.

C'était en 1788.

Quand vous serez de retour chez votre hôte Palasset, tout en vous montrant son superbe bouquetin empaillé, il vous racontera avec beaucoup de détails, toutes les histoires et les événemens que nous venons d'énoncer.

Le village d'Héas est de 1465 mètres de hauteur au-dessus du niveau de la mer.

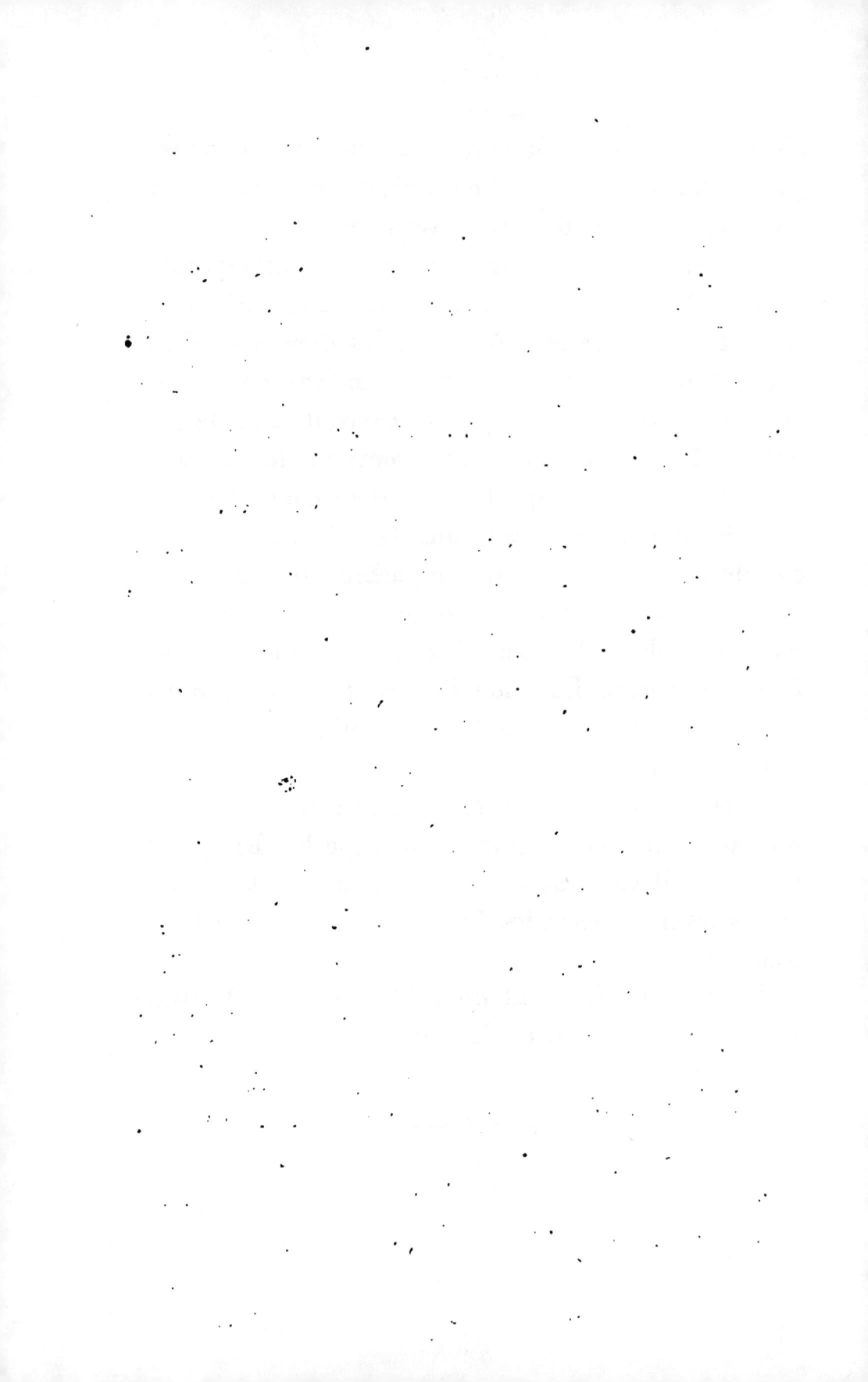

CHAPITRE XIV.

DE GÈDRE A LUZ.

> Là haous sur la Mountagna
> Un pastour mahurous
> Negat en plours ;
> Soungeavo al cambiomen de sas amours.
> Ballade de la Montagne.

> Malheur, malheur, aux déloyaux ! la
> veuve est du sang des Césars ; l'orphelin
> descend d'Henri IV.
> La Veuve et l'Orphelin,
> V.te D'ARLINCOURT.

La journée était belle, les montagnes radieuses, le ciel pur, l'air frais et embaumé ; un rayon de soleil venait de pénétrer dans le lit profond du Gave ; nous

cheminions joyeusement sur le sentier de Luz. Un
pâtre, assis au sommet d'un roc, chantait en veillant
sur son troupeau ; il y avait un fond immense de
mélancolie dans cette voix qui s'élevait plaintive et
cadencée du milieu de ces vieux sapins. Sans doute,
m'écriai-je, quand l'automne, en ramenant dans la
vallée de riches étrangers, te révèle le luxe des
cités et les joies de leurs habitans, jetant un regard
douloureux sur ta vie pauvre et laborieuse, sur ta
chaumière enfumée, triste prison pendant les longs
jours d'hiver, plus d'une fois tu as demandé compte
à Dieu du pénible rôle qu'il t'a destiné sur la terre !
et cependant si un jour le désespoir venait à pénétrer dans ton âme, arrête parmi ces voyageurs celui
dont le sort te paraîtra le plus fortuné ; demande-
lui l'histoire de sa vie, de ses peines ; qu'il te dise
à quel prix il achète chacune de ses jouissances, ce
que lui coûte chacun de ses plaisirs — et tu trouveras
ta chaumière moins triste, tes prairies et ton Gave
plus frais ; ta main caressera la laine soyeuse de
ton chien. — Tu ne te croiras plus si malheureux.

Va, garde toi aussi d'envier ce qu'un autre possède de pensée, d'intelligence au-dessus de la tien-
ne : jouis des dons de la nature sans chercher ses
secrets, crois moi ! les jouissances de l'esprit que tu
ignores, s'achètent par bien des peines, bien des
douleurs !

Nous faisions ces réflexions lorsque nous sommes arrivés à la vue d'un pont d'une étrange beauté.

la gorge s'était resserrée, le Gave seul séparait les deux chaînes ; le Gave roulant ses eaux à plus de soixante pieds au-dessous du chemin. Un pont hardi d'une seule arche unissait les deux montagnes ; mais ce pont était double ; bâti d'abord en pierre, puis jugé sans doute trop bas, il fut reconstruit en bois, et offre ainsi un aspect très-original.

Ce pont, vous l'avez deviné, est celui de Sia, si connu des artistes ; le Gave est si profond, le précipice si dangereux, que vous feriez de vains efforts pour descendre et voir les eaux s'engloutir sous cette arche hardie. — on se place ordinairement pour le dessiner sur un rocher qui dépasse le chemin et s'avance sur le torrent ; mais quelques maisons assez gracieusement groupées, ne dédommagent pas de l'impossibilité de voir les bases du pont.

Maintenant si avec nous vous voulez admirer toute la profondeur du Gave, emporter ce paysage, comme bien peu d'albums le possèdent, au lieu de traverser le torrent, suivez ses bords, tournez le hameau et vous dominerez tout le cours du Gave ; le pont se dessinera sur un beau fonds de montagnes ; des arbres magnifiques, de larges masses de verdure, tout contribuera à rendre le coup-d'œil enchanteur.

O l'admirable et délicieux village que celui de Saint-Sauveur, jetté aux flancs de la montagne comme l'aire de l'aigle suspendue au sommet des rocs ! — Non pas village d'artistes, ni chaumière des

montagnes, mais palais opulent ouvert aux riches
étrangers. — On dirait une rue parisienne avec ses
perrons de marbre, ses vastes portiques, ses balcons
dorés et ses mansardes qui touchent au ciel. Et dans
cette rue quel mouvement, quelle vie ! — J'ai dit
une rue ! C'est qu'en effet Saint-Sauveur n'en a qu'une
et n'en saurait avoir davantage, pressé entre le Gave
et la montagne, — tout est de construction nouvelle
et de bon goût dans ce village: l'établissement des
bains, grand péristyle soutenu par des colonnes en
marbre, est d'un très-bel effet. La chapelle bâtie en
rotonde est d'une simplicité bien entendue.

En arrivant à Saint-Sauveur par le pont de Gontau,
une colonne arrête nos regards, colonne sans inscriptions mais non sans souvenir. — Ennemis de tous
sentimens nobles, en effaçant un nom auguste, vous
n'avez pas arraché du cœur des montagnards le souvenir de celle qui les visita dans leur chaumière,
parcourut leurs vallées sauvages, leurs glaciers séculaires et partagea quelques jours leur vie périlleuse.

Quelle joie en quittant Saint-Sauveur de retrouver
la vallée large et spacieuse, les vastes prairies, la
riche végétation que nous avions perdues depuis
Pierrefite.

Un quart d'heure d'un chemin magnifique, promenade charmante, sépare Saint-Sauveur de Luz,
la ville des souvenirs guerriers et religieux.

CHAPITRE XV.

LUZ.

> Arquebusiers, cherchez ma coulevrine,
> Les Lansquenets passent. — Sur leur poitrine
> Je vois enfin la croix rouge. — La croix
> Double, et tracée avec du sang, je crois.
>> Alfred de VIGNY.

Venez, peintres, poètes, venez, romanciers, histo-riens, philosophes, venez tous, à Luz, car Luz offre un vaste champ à tous vos travaux ; votre talent n'y sera pas à l'étroit ; vous pourrez donner un vaste élan à votre génie.

— A l'œuvre !

Et d'abord le peintre se hâtera de placer sa chaise vis-à-vis de l'antique église, avec ses murailles noires

de vétusté, sa forme bizarre et gothique ; puis il ira
faire une pochade du fort Sainte-Marie, et là, de tous
côtés, de belles études de fonds s'offriront à ses
regards, soit au lever, soit au coucher du soleil.

Le romancier fouillera d'une main avide et curieuse
dans ces mêmes ruines ; peut-être trouvera-t-il quelques tronçons d'une lance brisée, quelques lambeaux
des vieilles bannières qui conduisaient les châtelains
à la victoire. Son imagination lui représentera ces
lieux au moment du départ des damerets pour la
chasse : la meute bruyante, les palefrois hennissant,
les écuyers sonnant du cor et les galans barons jet-
tant un baiser à leur gentes bachelettes qui agitent
leur blanc mouchoir du haut de la tourelle en signe
d'adieu. Il nous montrera dans une fête bruyante
les damoiseaux s'égarant sous ces arbres touffus avec
la dame de leur pensée, ou bien un combat à ou-
trance entre les preux chevaliers : il croira voir les
Anglais, long-temps maîtres de ce fort, faire une brillante sortie et dévaster les plaines de Luz. — Vaste
sujet pour de romantiques compositions.

Pour l'historien, il nous dira dans quelles mains
passa successivement ce château fortifié, maintenant
en ruines ; il nous racontera les exploits des chevaliers
anglais sous la conduite du prince noir ; il nous ap-
prendra l'histoire des Templiers, l'origine des cagots,
parias des Pyrénées, peuple proscrit et difforme, qu'on
retrouve encore dans quelques parties de ces montagnes.

Le philosophe gémira sur les préjugés qui repoussaient ces infortunés ; il méditera sur l'instabilité des choses humaines, dont les Templiers furent un si triste exemple.

Et le poète, l'artiste, avec son âme de feu, suivra tous ces hommes, car son cœur embrasse tout ; son génie s'étend à tout. Sa plume peindra l'effet du soleil couchant ; elle soupirera le chant d'amour de la châtelaine délaissée ; elle chantera les hauts faits des Templiers et des chevaliers de la table ronde, et pleurera sur le sort des infortunés cagots.

La petite ville de Luz où l'on remarque plus de belles maisons, est située entre la vallée de Barèges, et celle de Gavarni dans une petite plaine très-fertile et très-bien cultivée. Des prairies environnées d'arbres, étendent gracieusement leur verdure dont la monotonie est coupée par des champs ensemencés couverts de laborieux paysans. De Luz à Saint-Sauveur la distance est si petite que les baigneurs qui ne trouvent pas de logement dans ce dernier lieu, viennent habiter Luz et vont prendre leurs bains tous les jours à Saint-Sauveur.

Nous vous engageons à visiter en détail l'église de Luz ; elle offre un aspect de forteresse dont vous ne serez pas surpris quand vous saurez qu'elle appartenait aux Templiers.

Remarquez la petite porte par laquelle seule les misérables cagots pouvaient entrer dans le lieu saint, et vous ne serez pas fâchés de la voir murée.

Gravissez la petite montagne sur laquelle sont les

ruines du château de Sainte-Marie. Le coup-d'œil est assez étendu et l'on domine très-bien Luz et Saint-Sauveur.

CHAPITRE XVI.

ASCENSION AU PIC DE BERGONS.

> Je descendrai dans la vallée ; je m'élèverai
> sur la montagne.
>
> CHATEAUBRIAND.

Pour monter au pic de Bergons, prenez la route
de Barèges, et quand vous aurez atteint le village d'Es-
tre, vous tournerez à droite.

Le chemin est très-bien tracé et l'on peut par-
faitement faire cette course à cheval ; les dames y
vont ordinairement sur des chaises portées par quatre
bras vigoureux.

En montant votre vue se repose, avec satisfaction,
sur les utiles travaux de l'industrie ; partout des

6

champs cultivés, des prairies arrosées par de limpides ruisseaux qui coulent capricieusement le long de la la montagne. Des granges sont éparses çà et là, destinées à recevoir les troupeaux dans les premiers temps de la saison rigoureuse.

Plus on monte et plus la végétation s'affaiblit, enfin, un peu avant d'avoir atteint le sommet du pic, sa fertilité disparaît, le rhododendron seul couvre ces stériles régions.

Après cinq heures d'une marche lente et pénible, nous sommes arrivés au sommet.

La vue magnifique dont nous sommes frappés, nous dédommage amplement de nos fatigues. — Le Mont-Perdu, le Vignemale, étalent leurs vastes glaciers; nous le saluons comme un vieil ami; nous revoyons encore avec transport le cirque de Gavarni, la brèche de Roland et les tours du Marboré; d'un autre côté le pic du Midi élève sa cime orgueilleuse.

Nous dominons comme du haut d'un trône immence ces diverses vallées qui s'étendent à nos pieds; à gauche, nos yeux plongent dans le triste vallon d'Héas; en face, les vallées de Saint-Sauveur et de Pragnères, nous présentent leur frais ombrages; à droite, la fertile vallée de Luz, et plus bas celle d'Argelès déroulent leur riches moissons et leurs belles prairies derrière un tableau triste et lugubre; la stérile vallée de Barèges nous fait détourner les yeux; nous les reportons avec admiration sur le magnifique spectacle que nous avons vu d'abord.

Salut, sublimes Pyrénées ! qne vos cimes sont au-
dacieuses ! que vos vallées sont profondes et variées !
oh ! oui, vous êtes admirables , pour celui qui sait
braver la fatigue et les peines pour jouir de vos merveilleuses beautés.

Comme on est bien sur ces sommités aériennes !
que l'air qu'on y respire est pur. et dilate l'âme ;
qu'on est fier de promener ses regards sur une si
grande immensité de pays !

L'artiste bondit de joie ; il est orgueilleux d'être
plus près du ciel ; il s'élève avec l'aigle qui plane
sur sa tête ; il se croit libre comme lui.

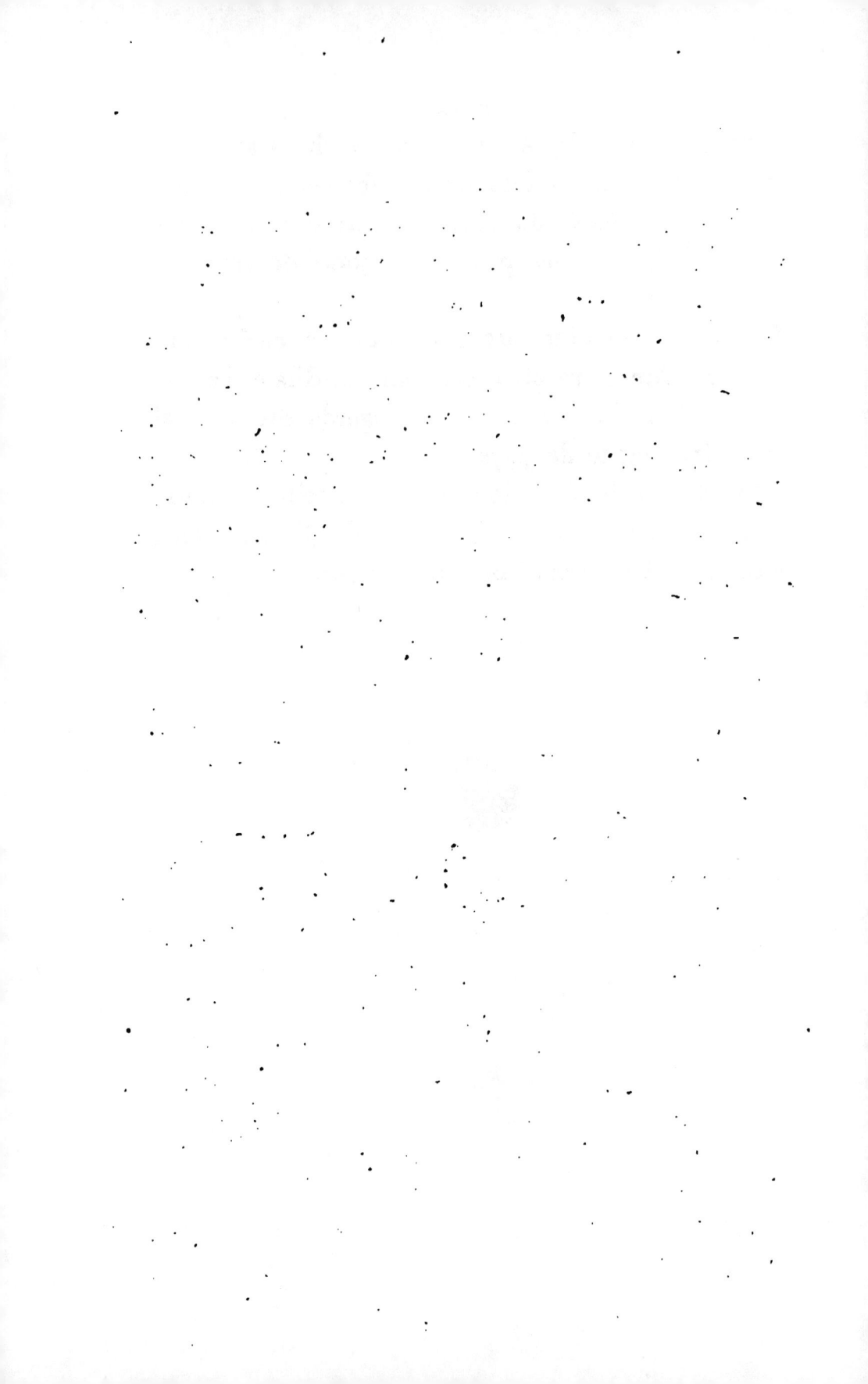

CHAPITRE XVII.

—

BARÈGES.

> Voir, c'est avoir, a dit le poète ; voir,
> c'est savoir, a dit le moraliste.

L'ÉGLISE de Luz est à 390 toises au-dessus du niveau de la mer, et la porte des bains de Barèges est à 662. — Et pourtant on ne compte qu'une heure et demie de chemin de Luz à Barèges ; aussi cette route, belle d'ailleurs, monte continuellement par une pente fort rapide.

Elle côtoye les bords du Gave de Barèges. — Compagnon fidèle du voyageur dans la montagne, le torrent vous suit dans toutes vos courses ; à Bigorre, il murmure dans le lit de l'Adour, à Cauterets, à Gavarni, à Barèges, il gronde et mugit sous le nom de Gave ; superbe et fier de ses brillantes destinées (1), il promène lentement ses ondes dans la vallée de Luchon. Quand vous direz adieu à la montagne, la voix de cet ami, tantôt si douce, tantôt si terrible, manquera à votre oreille ; vos yeux regretteront souvent ses bords ; ici, frais et gracieux, là, sombres et majestueux. Souvent encore, lorsqu'altérés par une longue course, vous ne trouverez, pour étancher votre soif, qu'une eau fade et fangeuse, vous donnerez un souvenir à l'onde pure et suave du torrent.

D'autres vous l'ont dit sans doute, Barèges est un lieu bien aride et bien sauvage. Aussi à chaque pas c'est un arbre de moins, une prairie qui nous quitte. Le village qui, du côté du Gave, est menacé par une montagne d'un aspect hideux, s'appuie sur la droite à un bois de hêtres très-beau. Des allées couvertes offrent une promenade délicieuse.

Maintenant traversons tout le village, franchissons le Gave sur un pont en bois ; venez vous asseoir sur cette roche baignée par le torrent. Barèges se dessine à vos yeux dans tout son ensemble, et se détache sur ce fonds de montagne qu'on appelle *Miroir de Barèges*. Oui, vrai miroir à la surface bleue et polie, sur lequel

(1) La Pique est considérée comme une des sources de la Garonne.

la lumière se joue de mille façons. Nous ne l'avons vu qu'à l'heure du soir, quand les derniers rayons du soleil se réfléchissaient obliques et pâles sur sa vaste parois, et nous avons été frappés de la beauté du spectacle. — Cependant les artistes dessinent ordinairement Barèges du côté de l'arrivée de Luz. Est-ce afin que les étrangers, habitués à arriver par cette route, reconnaissent plus facilement les lieux ?

L'établissement des bains est bien, sans avoir cependant rien de remarquable. Nous avons vu la Piscine, vaste réservoir où les baigneurs viennent s'entasser pêle-mêle, et, à notre avis, assez malproprement. C'est cependant la Piscine qui opère les cures les plus merveilleuses. — Ces eaux sont ordonnées surtout pour les douleurs et les blessures ; aussi le village possède un hôpital militaire.

C'est à la veuve de Scaron que Barèges doit son origine et la réputation de ses eaux. Le duc du Maine ne trouvant pas la santé à Bagnères, M.me de Maintenon fit tracer un chemin à travers le Tourmalet, et une chaumière, seule habitation qui existât alors dans ce lieu désert, reçut le jeune prince et sa gouvernante.

CHAPITRE XVIII.

DE BARÈGES AU PIED DU PIC DU MIDI.

Cette gorge est isolée, silencieuse........
TRISTAN.

.... La fleur qui naît sur ces monts solitaires,
Ne montre qu'au désert ses couleurs passagères
MICHAUD.

On ! si vous avez été retenu à Barèges par un de
ces brouillards qui font du jour une nuit pluvieuse,
si le soleil vient frapper l'étroite fenêtre de votre cham-

bre d'artiste, quittez vite Barèges, car Barèges, dans
le mauvais temps, est un affreux pays, un pays d'ennui,
un pays que nous maudissons....... Trois jours un de
ces brouillards nous y a retenus, sans amis, sans con-
naissances, sans livres!..... Nous demandâmes à notre
hôte s'il n'avait pas une bibliothèque? Devinez ce qu'il
nous porta? — *Les Devoirs d'un Chrétien* et une *théo-
rie militaire.....* — Naïveté touchante! La religion ou
quelques souvenirs de leurs ancêtres, voilà les délasse-
mens, les richesses de ces simples montagnards.

Il était fier de nous faire voir qu'un de ces ancêtres
avait porté l'épée; il conservait religieusement le livre
qui devait en perpétuer la mémoire dans sa famille.

Toujours la palette à la main! — C'est bien doux;
sans doute les pinceaux sont d'agréables amis; mais
peindre dans une chambre, lorsqu'on est entouré des
merveilles de la nature!..... c'est affreux.

Oh! partez, artiste, quittez Barèges, le jour est beau,
et du haut du Pic du Midi, la vue sera belle.

Pénétrez dans la vallée de Bastan, qui continue vers
le nord celle de Barèges, sur les deux rives du Gave.

Deux chemins s'offrent à vous, prenez celui de gauche, il est moins pierreux et plus large que l'autre.

Quelle désolation! quel cahos de rochers! C'est ici
que l'âme se pénètre de la tristesse des lieux; plus
vous avancez dans cette gorge affreuse, plus votre émotion augmente, surtout si, éloigné de vos compagnons
un moment, vous vous trouvez seul au milieu de ces
déserts..... Alors des larmes mouilleront vos paupières.

vous vous croirez perdu dans le temple de la solitude
et du silence.....

Le Gave est bientôt augmenté de deux torrens ,
vomis par deux gorges caverneuses et humides. Le
premier est le Liens, qui roule bondissant de la vallée
qui porte son nom. L'autre coule plus paisible, fier
de tirer son origine d'un lac fameux, le lac d'Escou-
bous.

Augmenté de ces deux turbulens auxiliaires, le Gave
heurte avec furie les marbres qui veulent arrêter sa
course capricieuse; il les arrache, les brise et couvre
ses rives de leurs précieux débris.

Accourez, lithologistes, c'est ici que vous ferez une
abondante moisson. Venez choisir au milieu des richesses da la nature; ici vous trouverez les schorls, l'amian-
the et le cristal de roche. Et vous, géologues, venez
au milieu de ces désordres, vous pourrez interroger
les différens corps qui composent la terre.

Venez tous , car le trésor est immense.

A mesure qu'on avance la gorge se resserre, et le
Gave, peu hospitalier, semble vouloir disputer au voyageur l'étroit sentier qu'il parcourt.

On remarque sur la rive gauche de curieux contras-
tes; à côté, d'âpres rochers; une verte prairie émaillée
de fleurs; sous de noirs cailloux, une mousse fraîche
parsemée de pensées blanches et jaunes. Et puis quelquefois auprès d'un roc bizarrement uni comme une
tombe , ou bien aigu comme un mausolée; se trouvent
de jeunes sapins, à la verdure triste et sombre, l'âme

se livre à une rêverie mélancolique, et l'on croit se trouver dans un de ces vastes cimetières, où de jeunes cyprès croissent parmi le marbre des tombeaux; la solitude de ces lieux, le silence qui y règne favorise l'erreur de l'imagination; on est tenté de chercher des inscriptions, témoignages de la piété filiale; de s'agenouiller, de prier pour l'orphelin, dont les parens reposent sous cette pierre......

Le chemin va toujours en montant, et tandis que sous ses pieds, le voyageur voit les ravages des torrens, il jouit autour de lui du tableau consolant qu'offre la culture de l'homme; des prés et des terres ensemencés entourent les granges, refuges des troupeaux pendant la saison des neiges.

Nous voici presque au pied de Tourmalet.

Nota. Un brouillard nous ayant empêchés de monter au Pic du Midi, nous empruntons au comte Orloff les brillantes pages dans lesquelles il raconte son ascension.

CHAPITRE XIX.

ASCENSION AU PIC DU MIDI.

«..... Je tourne bientôt au nord dans une gorge qui conduit à la base du pic. Je traverse cette gorge aride et resserrée, et je parcours des pentes qui servent de paturage à des bestiaux de tout genre........ Mais plus on avance, plus la végétation disparaît... Deux heures au plus d'une marche plus fatigante qu'agréable me suffisent pour parvenir sur un plateau où je trouve avec autant de satisfaction que de surprise, le joli lac d'Onset, qui, élégant et régulier, paraît n'être placé là que pour servir de glace, ou se refléchissent les attraits les plus sévères de la nature....

Je lève mes regards vers le nord, et je vois s'élever sous la forme d'un cône gigantesque le pic dont je brûle d'atteindre la cime; je le vois braver les ardeurs d'un soleil brûlant, tandis que dans une autre saison, il brave les rigueurs des hivers, et s'élançant debout vers les cieux, résiste à la fois aux éclairs, à la foudre et aux tempêtes; il semble regarder avec mépris les pics moins hauts qui l'entourent, et roi de ces montagnes, il les accable de sa grandeur....

Sur ces hauteurs on voit errer, suspendus sur des abîmes, les chèvres et les boucs ou les brebis enhardies par leur exemple. Bientôt l'izard seul peut parcourir ces régions, tour-à-tour le séjour des orages bruyans ou du plus paisible silence.

Je me hâte d'arriver par un lit de cailloux et de pierres au terme de mes fatigues, et le commencement du premier des plaisirs est sans doute de respirer l'air le plus pur, le plus vif; de planer sur une vaste étendue de pays et de contempler les limites terrestres de la nature; mais mes regards s'arrêtent malgré moi sur une foule de tableaux accessoires de l'immense galerie de l'univers, qui s'offre à mes yeux et les fixe enchantés; mon courage et mes forces épuisés se raniment en voyant se rapprocher de moi l'objet de mes désirs; il ne me reste plus que la moindre partie de mon entreprise à exécuter; mais aussi est-elle la plus pénible. Encore quelque nouveaux efforts et je me trouve sur le sommet du cône.

Quel spectacle ! non , il n'en est point de plus
beau pour l'homme , si ce n'est celui d'une grande
et belle action. Il éclipse tous ceux des arts malgré
leur magie et leur puissance : ce qu'enfante l'homme,
comparé à ce que produit la nature , n'est que futi-
lité et l'œuvre débile d'un enfant.

De ce point du panorama , ma vue plongeait à la
fois dans des précipices , des abîmes sans fin , et
planait sur des villes , des contrées entières ; puis
s'élevant encore , elle osait fixer comme l'aigle , le
flambeau du jour dont je m'étais rapproché. Le Bigorre , le Languedoc, Toulouse même, se montraient
du côté où cet astre s'allume ; ma superbe et vaste
galerie au midi étant ornée de ces diverses chaînes
qui séparent la France de l'Espagne , et s'élevant en
amphithéâtre , je voyais à la fois et les montagnes
de Néouvielle , et les célèbres tours du Marboré , et
le Mont-Perdu , celui de tous qui est le plus élevé
des Pyrénées. . . . .
. . . . . Comme les formes de ces rocs sont fières et
grandioses ! comme l'ensemble qu'elles offrent aux
yeux, a de l'harmonie et de la majesté ; c'est un
temple élevé par la nature à sa propre divinité.

Tandis que de tous côtés j'ai des tableaux d'une
si vaste étendue , je ne foule sur l'étroite cime du
Pic , que de la mousse , quelques plantes et quelques
fleurs qui naissent et prospèrent sur les rochers. C'est
sur ces sommités qu'on trouve la jolie *Dapfné Chéorune*
que je vois avec le même intérêt que la vit le

savant Ramond dans les excursions qu'il fit dans ces lieux. Ses émanations embeaumées, unies à l'air vital de ces solitaires et hautes régions, sont l'encens de la nature. C'est là que l'on trouve également et le Carnillet mousseux et la Gentiane printanière. Quelques pierres élevées sur la crête des rochers, couvertes d'inscriptions, signalent le nom des voyageurs qui, curieux comme moi, sont venus admirer le plus beau et le plus majestueux des spectacles.

Mais il est encore un autre Dieu qui habite ces monts, c'est celui du silence. Dieu paisible et bon, il préside aux sages méditations, aux pensées comme aux créations du génie. . . . . Je m'arrache enfin à ce spectacle ravissant et à ses effets magiques. . . . . Trois heures me suffisent pour descendre depuis le sommet du Pic jusqu'au pied du Tourmalet. »

L'élévation du Pic du Midi est de 2973 toises.

CHAPITRE XX.

DU TOURMALET A SAINTE-MARIE.

> Bends there not a tree from
> Mora, with its branches bare?
>
> OSSIAN.

> Cependant l'orgueilleux ruisseau,
> A mon courage offre matière :
> Je recule un pas en arrière,
> Et crois, léger comme un oiseau,
> Franchir cette large barrière ;
> Mais, à coup sûr, j'avais à Dieu
> Fait mal, ce jour-là, ma prière ;
> Je partage en deux la carrière,
> Et je me plante au beau milieu.
>
> PIRON.

APRÈS vous avoir remis entre les mains du comte Orloff pour gravir le Pic du Midi, nous vous reprenons encore tout brûlans des émotions de cette belle journée.

7

C'est au pied du Tourmalet que nous vous retirons de la conduite du célèbre voyageur, et après vous avoir laissé prendre quelques momens de repos, nous entrons dans le pénible chemin qui conduit au haut de la montagne. Marchant par un sentier étroit et pierreux, tracé en festons et en zigzag, nous arrivons enfin à la cime après bien des peines et des fatigues.

Artiste, arrête-toi ; devant tes yeux se déroule un grand spectacle. — Le beau — et le laid. — D'un côté, Campan, — de l'autre, Barèges.

Adieu ! Barèges, adieu à tes belles horreurs, à tes montagnes arides et monotones , à tes terribles avalanches.

Adieu ! triste et solitaire vallée de Bastan ; les idées mélancoliques que tu m'avais inspirées, se sont évanouies.

Je quitte tes déserts, ton Gave indompté et tes noirâtres rochers ; plus de tristesse, plus de rêveries funèbres ; la scène change, la gaîté succède à la douleur ; nous apercevons dans le lointain la vallée de Campan.

Salut ! riant vallon ; ton aspect, quoique éloigné, réjouit et console l'âme. — Bientôt nous entrerons sous l'ombrage de tes arbres touffus ; nous foulerons aux pieds tes moelleuses prairies ; nous entendrons le murmure de tes ruisseaux tranquilles et limpides. . .
. . . . . . Mais n'anticipons pas et continuons notre route.

Sur notre droite, de beaux sapins déploient un

rideau de verdure sombre et sévère ; sur plusieurs cimes dépouillées, les mousses remplacent le vert feuillage semblable à des cheveux blancs sur la tête d'un vieillard. On croirait voir encore les forêts du Pont d'Espagne.

Au loin s'étend un tapis de gazon et de fleurs, contrastant avec le feuillage noirâtre des sapins.

Bientôt nous atteignons les sources de l'Adour.

Adour ! fleuve chanté par les poètes, fleuve chéri des amans pour tes rivages ombreux, salut ! continue ta course d'abord capricieuse, puis calme et paisible. — Cette onde qui réfléchit mes traits bientôt mouillera les murs de Bagnères et de Tarbes, et après avoir arrosé les campagnes du Gers et les arides plaines des Landes, ira se perdre dans l'immensité des mers !!....

Nous traversons en côtoyant l'Adour, une petite plaine très-fertile, couverte de nombreux troupeaux. Un chien énorme vient à notre rencontre en aboyant, mais soumis à la voix du pâtre qui l'appelle, il va doucement se coucher à ses pieds, remuant avec majesté sa large queue, sans cesser de nous regarder d'un œil méfiant.

Ces chiens des Pyrénées sont renommés pour leur force et leur courage ; celui qui est sous nos yeux est d'une très-belle taille ; deux taches noires s'étendent sur sa blanche et large échine ; un collier hérissé de pointes aiguës, lui sert d'arme offensive et défensive contre les loups et les ours qui attaquent les troupeaux confiés à sa garde.

Mais nos fatigues ne sont pas terminées., il faut gravir encore les rochers de l'Escalette, côte aride et pierreuse, qui contraste singulièrement avec la merveilleuse fraicheur de la petite vallée de Tramesaignes à laquelle elle mène, et que nous avons atteint. Nous traversons le village ; trois petits ruisseaux forment dans ces lieux la cascade dite du *Saut de Madame*, qui mérite une place dans votre album.

Mais hâtez-vous, il nous tarde d'entrer dans la vallée d'Artigues et de vous conduire à de nouvelles chutes peut-être plus curieuses que celle que vous esquissez.

Traversons la plaine et le village d'Artigues arrosés par l'Adour. Ici le chemin devient difficile ; les montagnes se resserrent, des rochers hérissent le lit du fleuve et semblent vouloir arrêter sa course ; mais il les franchit avec audace et se précipite en cascade bouillonnante dans la jolie vallée de Grip. — Halte !

Nous avançons toujours au milieu de ces gais paysages, et après quelques momens de marche, nos regards sont frappés d'un beau spectacle. — Une large gorge s'ouvre sur notre gauche et nous laisse voir le Pic du Midi dans toute sa majesté.

Bientôt nous atteignons les premières maisons du village de Grip, qui s'étend une lieue de long dans cette riante vallée ; des jardins, des prairies, quelquefois même des champs ensemencés les séparent entr'elles et semblent en faire autant de fermes isolées, autant de maisons de campagne particulières.

Nous nous dirigeons sur Sainte-Marie, entourés de

montagnes fertiles ; sur leurs pentes descendent d'immenses prairies, et leur cime et couronnée d'épaises forêts, où le chêne, le sapin, l'érable, le hêtre, mêlent leur branches vigoureuses, et font des masses de verdure d'une harmonieuse beauté.

Après une heure et demie de marche, nous atteignons Sainte-Marie, au milieu de la brise fraîche et embaumée du soir.

CHAPITRE XXI.

DE SAINTE-MARIE A BAGNÈRES-DE-LUCHON.

Ils habitaient un bourg plein de gens dont le cœur
Joignait aux duretés un sentiment moqueur.
LA FONTAINE.

Nous nous étions bien promis de ne jamais parler des mille petites aventures de notre voyage; cependant vous nous permettrez de secouer la poussière de nos souliers sur Sainte-Marie. — Rassurez-vous! ce n'est qu'un méchant village qui a fort sottement usurpé ce joli nom. — Ainsi, tonnerre et choléra sur Sainte-Marie! et nous n'excepterons de la malédiction que — M. le curé, alliez-vous dire? — Pas du tout, mais bien le savetier Louisot.

Si vous jouissez d'une de ces constitutions anti-
bilieuses, si vous possédez une de ces bonnes âmes
qui ne savent pas maudire, gardez-vous d'arriver à
Sainte-Marie après le coucher du soleil. — Je ne sais
trop quelle heure il était, mais certainement l'étoile
du soir s'était levée depuis long-temps quand nous
entrâmes à Sainte-Marie, épuisés de lassitude et de
besoins de sommeil; et certes, vous allez voir que nous
prenions bien mal notre temps pour être fatigués! —
Ces malheureux villageois, j'en suis sûr, n'avaient
jamais lu le manuel de l'hospitalité, et vous, M. le curé!
oh! en vérité! vous n'étiez, ce soir-là, ni chrétien, ni
bien charitable. — A chaque porte nous recueillimes
ces mots désespérans : *Ana bous en*, *paourots*, *pou-
den pas lougeat*, mots qu'on traduirait bien par ceux-
ci : Allez-vous-en au diable.

Oh! n'eût été ce bon Louisot qui nous offrit, pour
matelas, le pavé de son échoppe, et pour oreiller un
rouleau de cuir, nous aurions passé fort tristement
la nuit.

Nous ne vous cacherons pas cependant que bien des
gens prétendent que M. le curé de Sainte-Marie est
un fort digne homme, qui n'a d'autre défaut que celui
de vivre dans la crainte des voleurs; et que sa paroisse
occupe fort joliment sa place dans la vallée de Campan.
— Toutes choses dont nous ne convenons pas du tout,
mais que nous ne vous défendons pas de croire.

Or donc, sans vous retenir plus long-temps dans
la boutique de notre ami Louisot, où l'odeur du cuir

pourrait bien vous incommoder, si vous avez reçu de la nature un odorat un peu trop délicat, sans vous laisser même le loisir d'admirer ces belles gravures coloriées, galerie à l'usage de tous les cordonniers de France, où l'on voit Napoléon Buonaparte et le Juif-Errant, la grande route de l'enfer et le sentier du paradis; nous allons vous mener déjeûner à Payole.

C'est un hameau agréablement situé à l'entrée des prairies de Saint-Jean; puis on laisse à gauche les belles sapinières d'Aure; le chemin assez large jusques-là, devient un étroit sentier; il passe sous le pic d'Arbizon, franchit la hourquette d'Arreau, et s'élance à travers les forêts de hêtres, vers la brillante vallée d'Aure. — Nous ne la traversons que dans sa largeur; mais nous verrons Arreau sa capitale, ville vraiment remarquable pour ces lieux. Privée d'eaux minérales, peu visitée par les étrangers, puisqu'elle n'est traversée que par des sentiers impraticables pour les voitures, vous serez étonnés de la trouver si bien approvisionnée; c'est qu'elle est le débouché, l'entrepôt de plusieurs vallées; ses marchés sont très-beaux et très-fréquentés par les Espagnols.

Artistes, demandez au ciel de faire précéder votre arrivée à Arreau par quelque orage, par une inondation dévastatrice. — Gracieux Aneste, nous te dûmes ce bonheur! Pour nons, tu gonflas tes ondes, tu brisas tes chaînes et franchis tes limites; pour nous, tu bouleversas, tu renversas fabriques, ponts, tout ce qui s'opposa à ta course vagabonde. — Merci, car ton

désordre était sublime, ton œuvre tout artistique ! —
Que d'admirables ruines, ouvrage d'une nuit ! C'était
des monceaux de rochers, des pans de murs, des piliers
de pont qui ne soutenaient plus qu'un demi-arceau,
des intérieurs vrais rembrant mis à nu. — Oh ! c'était
à frissonner de verve et d'enthousiasme, à ne savoir
par où commencer, devant quelle ruine poser son
siége.

Quand vous n'auriez pas le bonheur d'arriver à
Arreau après un déluge, cette ville vous offrirait encore
pour une bonne journée de travail. Vous trouverez sur
les bords de l'Aneste de jolies fabriques ; le quai, le
pont, forment un tableau. — Les armes des Templiers
sont sculptées sur la porte de l'église d'Arreau, ainsi
que sur celle de plusieurs autres églises, sur la route
de Luchon. — Saint-Exupère, ce pieux et charitable
évêque de Toulouse, reçut le jour à Arreau.

En quittant cette ville on entre dans la vallée de
Louron, belle et riche de végétation, semée de villages, de hameaux. On traverse ceux de Cazaux, de
Bordère, d'Estarvieille, puis le chemin monte à gauche, et sous vos yeux, se déploie tout ce magnifique
paysage ; les prairies, les forêts, les villages se suc-
cèdent jusqu'à ce que vous arriviez au port de Peire-
Sourde. — Ici, le pays change et devient stérile comme
sur toutes les crêtes. Mais en descendant de l'autre
côté du port, nous retrouvons le hêtre, le bouleau ;
le chemin s'engage dans une gorge étroite ; nous
voyons plusieurs villages suspendus sur les abîmes, si

effrayans, si dangereux, que dans plusieurs on paie
un gardien public, pour empêcher les enfans de s'ex-
poser au danger. Remarquez entr'autres Saint-Aventin,
lieu de dévotion en grande faveur dans le pays; vous
pourrez, pour *cinq centimes*, offrir vos hommages à
la trace du pied de ce saint qui, à ce que dit la chronique populaire, franchissait la gorge d'une seule
enjambée.

La distance est courte de Saint-Aventin à Bagnères-de-Luchon; nous n'apercevons cette ville qu'en y
arrivant. C'est par l'allée des Soupirs que nous entrons
à Luchon.

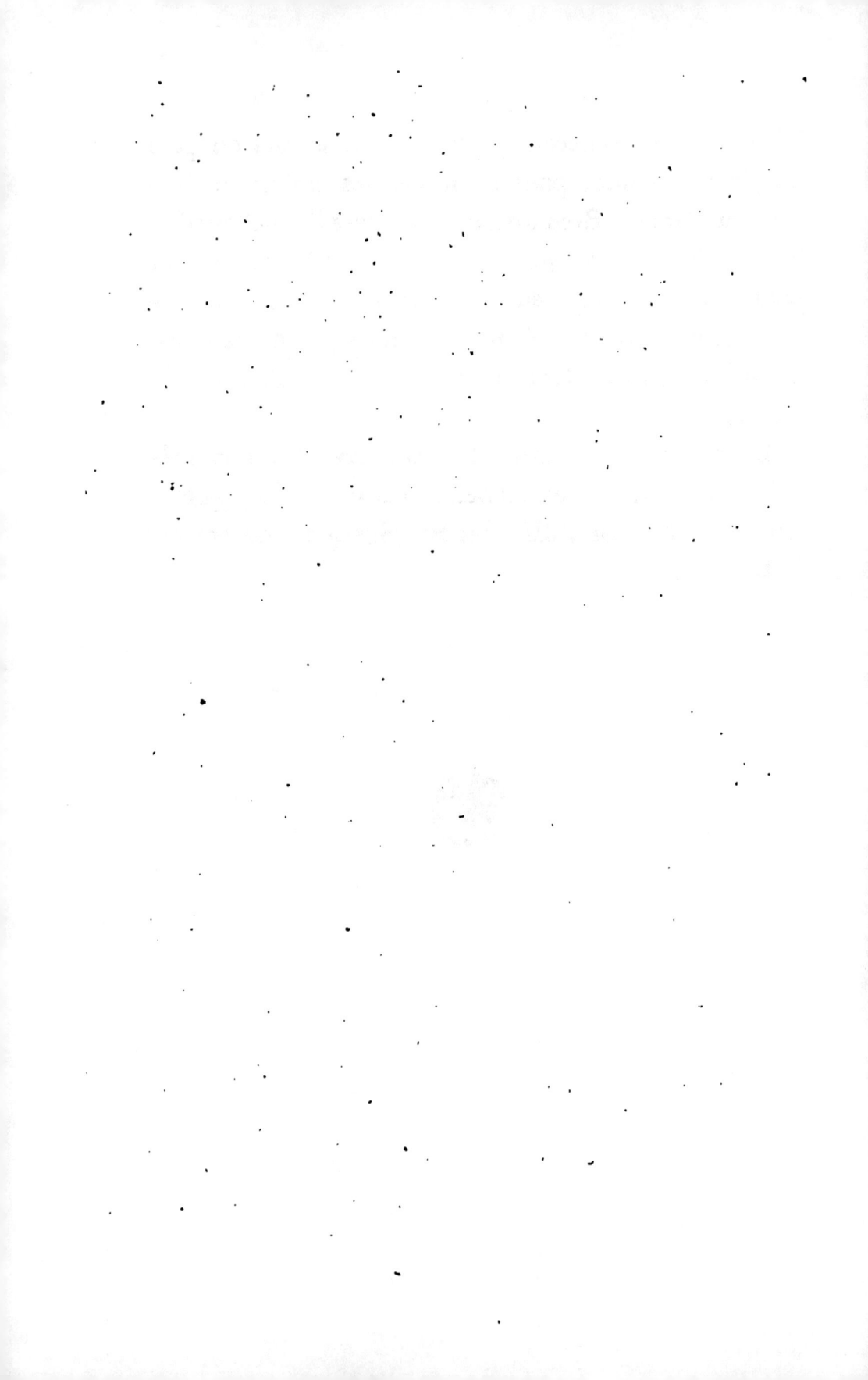

CHAPITRE XXII.

EXCURSION DANS LA VALLÉE DU LYS.

> Oh! oui, ma vie coulera comme de l'eau
> sous les arbres. J'aime l'eau, je peindrai le
> paysage. . . . .
> Ils disent que la nature nous appartient
> dès qu'elle s'éveille tiède et en fleurs.
>
> M.me DESBORDES-VALMORE.

L'INTÉRIEUR de la ville de Luchon est bien triste et bien villageois; mais quel changement en arrivant sur l'allée des bains! grande et vaste allée, aux doubles rangées d'arbres, flanquées de cafés, de restaurans bruyans et animés, de maisons aux façades coquettes et badigeonnées, de beaux hôtels qui laissent voir par intervalle la fraîche vallée ! — A l'extrémité, les établissemens de bains, dont l'un est assez monumental. — Et comme elle est animée cette allée ! Devant chaque porte, des cercles de femmes gaies et causeuses ; des barraques, boutiques élégantes, élevées là pendant la belle saison, et qui rentrent l'hiver dans les magasins de Toulouse et de Bordeaux. — Des voitures, des chaises, des cavalcades qui volent, légères et gracieuses ; puis le soir, des illuminations, des musiciens sur des tréteaux et des danses folles et bruyantes. — C'est un monde avide de joies et de plaisirs, qui jette aux ondes de ces lieux, ses plaies et ses douleurs.

Mais nous, artistes, nous qui ne sommes ici que pour contempler la nature, laissons à ce monde ses fêtes, allons vivre d'un autre bonheur, livrer notre âme à d'autres émotions.

Nous laissons sur la montagne, à droite, la fontaine d'Amour, dévot pélerinage que vous pourrez faire au clair de la lune, lorsque le cœur inquiet, vous voudrez rêver d'amour, vous retracer l'image de cette jeune vierge aux yeux si noirs, à la tant noire chevelure, vous pourrez tracer son nom aimé sur l'écorce polie du bouleau, et le livrer brûlant aux glaces de l'hiver, qui passeront sur lui sans l'effacer.

Avant d'arriver à Castel-Viel, cette tour carrée qui domine le pays, retournez-vous pour admirer la vallée de Luchon. Quel bassin délicieux, vaste damier divisé par de vertes prairies, des millets dorés, des groupes de peupliers et de hêtres, arrosé par la Pique, qui semble déjà imprimer à ses ondes le cours majestueux de la Garonne.

Des villages nombreux animent le paysage; Saint-Mamet, Montauban, Juzet, où vous trouverez de jolis croquis, de charmantes pochades et deux torrens dont les chutes jouissent d'une grande renommée dans les salons fazhionables de Luchon, sans doute, parce qu'elles sont, par leur proximité, des buts de promenades continuelles. — Les deux chaînes de montagnes s'abaissent graduellement de chaque côté de la vallée; les bruyères leur donnent d'abord une couleur lacqueuse qui bleuit peu-à-peu, et s'évanouit dans un lointain vaporeux. Quelle richesse de lignes et de couleurs! Quelle finesse de tons! C'est au coucher du soleil que le plus bel effet a lieu; les premiers plans sont dans l'ombre, un rayon de soleil qui arrive par la gorge de Larboust, jette une ligne de lumière sur le milieu de la vallée, dore les clochers de Luchon, de Montauban, de Saint-Mamet, tandis que le fond s'éloigne et fuit de toutes les vapeurs du soir.

Nous l'avons vue encore bien belle cette vallée par un effet d'orage vraiment magique; une moitié était plongée dans toutes les horreurs de la nuit, sous un ciel noir, livide, sillonné d'éclairs menaçans; toutes les voix de la montagne hurlaient aux éclats terribles du tonnerre. — De l'autre côté, la lune s'élevait lente et majestueuse derrière le port de Venasque, et brillait sur un ciel d'azur. Le silence n'était interrompu que par le murmure du torrent et les échos qui, timides, répétaient à regret, les roulemens lointains du tonnerre. C'était la nuit calme et bienfaisante qui suit un beau jour de Septembre.

Poursuivons notre promenade! prenons la gorge à droite de Castel-Viel, et bientôt quittant le chemin de Venasque, nous entrons dans la vallée du Lys; là, de belles études d'eau, de beaux arbres; le hêtre ne se trouve nulle part aussi vigoureux, aussi plein de sève et de vie. Voyez ces troncs enracinés sur des rochers, et affectant des formes si étranges, si bizares, si grotesques, qu'ils peuvent occuper vos crayons, si non comme études, au moins comme monstruosités, caprices de la nature.

La vallée du Lys, si chère au botaniste, à l'enthomologiste, s'étend en large prairie, gras pâturage divisé par quelques chaumières habitées seulement dans la saison des foins. — Le fond de la vallée est un de ces cirques si communs et si beaux dans les Pyrénées; mais celui-ci n'est pas taillé dans le roc; c'est un amphithéâtre de verdure, dominé par le pic Coïrat aux glaces séculaires. Deux cascades, celle d'enfer qui bouillonne dans une aufractuosité du rocher, et celle du cœur qui s'arrête après un premier bond dans un bassin étroit, et s'élance de nouveau dans la vallée, viennent unir leurs ondes à travers un massif de hêtres et de beaux mouvemens de terrain.

Ici les amateurs ont un large champ ouvert à leurs entreprises hardies; chaque année l'un d'eux vient doter la ville de Luchon d'un nouveau but de promenade, d'un site ignoré jusqu'alors. Ainsi vous pouvez visiter la cascade Richard, la cascade B. d'Elcas, la cascade Latour et plusieurs autres appelées du nom de celui qui s'exposa à de grandes fatigues, quelquefois à des dangers pour les livrer à notre admiration.

Après avoir cueilli des fleurs ou des noisettes, suivant la saison, on revient ordinairement à Luchon par Superbagnères; c'est ainsi qu'on appelle les montagnes qui dominent la ville. A l'entrée de la vallée du Lys, on prend un sentier à gauche qui conduit au sommet de la chaîne. Si nous prenons ce chemin, ce n'est pas qu'il y ait rien à dessiner, mais c'est pour vous faire dominer au loin sur une grande étendue de pays; vous faire saluer d'un côté, la Maladetta, de l'autre, les vastes plaines où les montagnes vont se perdre en bleuâtres ondulations.

Le sentier suit un instant la crête gazonneuse, et descend à Luchon, ici, couvert, là, taillé dans le roc, puis, s'égarant sur la Pelouze, mais toujours suspendu entre le ciel et la vallée.

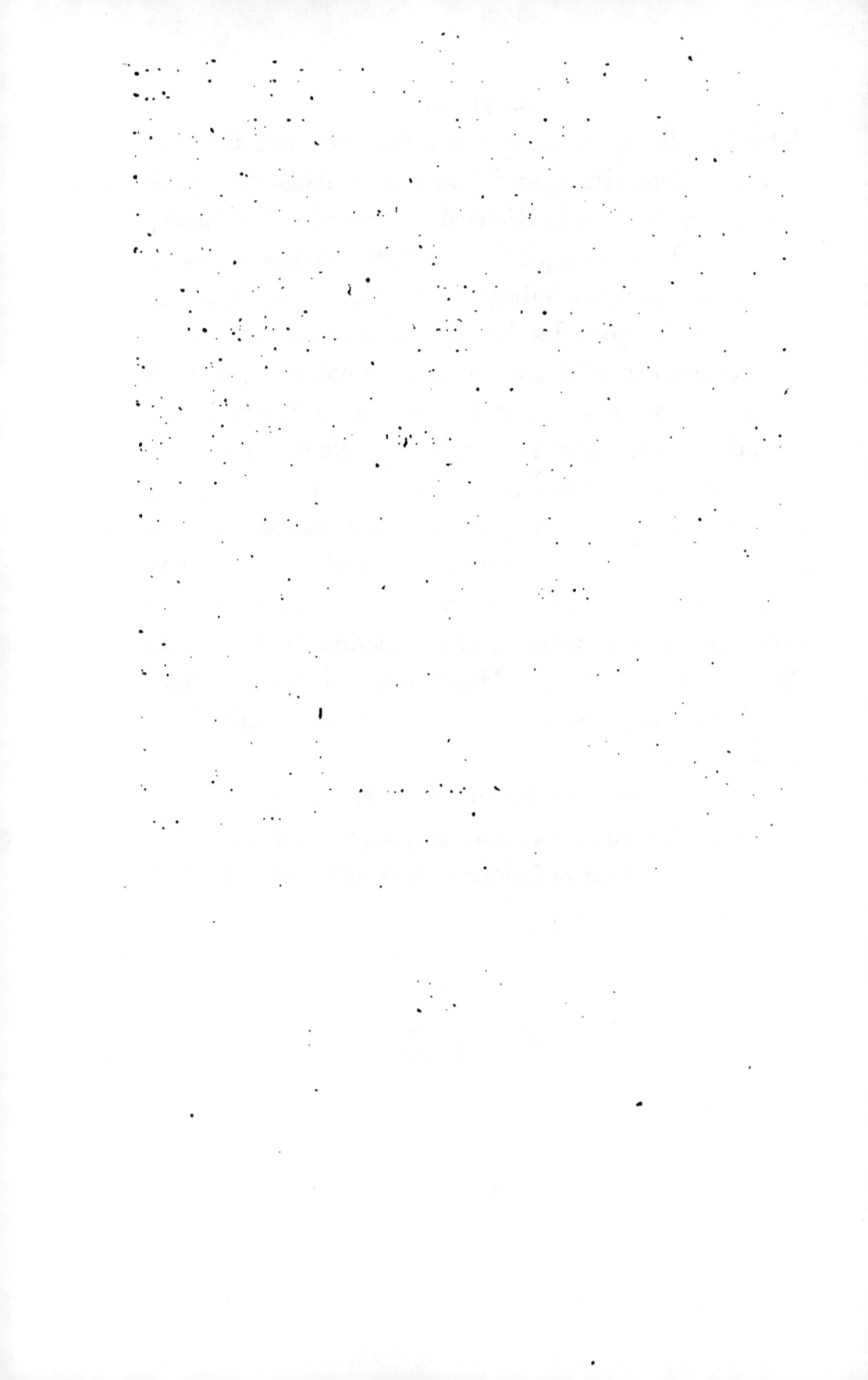

CHAPITRE XXIII.

—

EXCURSION AU LAC D'OO.

> Qu'il s'en aille à ses Néréides
> Dedans ses cavernes humides,
> Et vive misérablement
> confiné parmi ses tempêtes !
>
> MALHERBE.

REPRENONS le chemin de Saint-Aventin que nous laisserons bientôt sur notre droite, car c'est au lac d'Oo que nous vous conduisons aujourd'hui. — On traverse d'abord la vallée de Larboust, vaste page de l'histoire de notre planète, ouverte au géologue. Oui, ces blocs gigantesques, dont les angles arrondis, annoncent une chute prolongée, ne sont-ils pas posés là

comme des monumens authentiques des grandes catas-
trophes qu'a subies le globe que nous habitons.

O admirable livre que celui de la nature, ouvert
au savant comme à l'artiste; il élève l'âme, l'inonde
de poésie, la détache des erreurs de la vie et lui apprend
sa mission et ses hautes destinées.

Voici le village d'Oo; vous pouvez faire un croquis
de l'église ombragée par un ormeau magnifique, et,
comme nous, vous maudirez ces villageois sans goût,
qui ont élevé un clocher moderne sur ces murs antiques.

Ici le chemin traverse le torrent, puis une large
prairie, et gravit la montagne pierreuse et rapide,
pour arriver au lac. Gardez-vous de mépriser ces pierres qui gênent votre marche; le minéralogiste les con-
sidère avec des yeux avides, et fait en ces lieux une
ample moisson de quartz, de micas, de spath, de
talc et de macles.

Le lac d'Oo est sans doute le plus beau que nous
ayons vu dans les Pyrénées. Chaque année quelques
artistes le reproduisent sur la toile ou en parent leur
album; cependant le tableau nous a paru manquer de
premier plan et la couleur verte des eaux n'être pas
d'un bon effet. — Nous reprocherons leur peu d'exactitude aux lithographies que nous avons vues du lac
d'Oo, défaut commun à presque toutes les collections
qui ont paru jusqu'à présent sur les Pyrénées.

D'après les expériences faites en 1830, par MM.
Boubée et Boisgiraud, la surface du lac, qui est d'une
forme circulaire, est de 240,000 mètres carrés; sa

profondeur de 230 pieds, et la cascade de Séculéjo
qui se brise au milieu de sa chute, mais qui a un
volume d'eau plus considérable que celle de Gavarni,
a 950 pieds de haut. Il paraît, d'après ces mêmes
observations, que le courant de Séculéjo s'opère dans
le fond du lac, et, en effet, sa surface est parfaite-
ment tranquille.

L'habitant du lac vous recevra dans sa nacelle et
vous mènera aux pieds de la cascade qui se brise avec
bruit sur un amas de rochers, avant de se jeter dans
son vaste bassin.

Nous avons dit l'habitant du lac : oui, un homme
qui a acheté le droit de pêche, a bâti là sa cabane d'été ;
il accueille les étrangers et trouve dans leurs visites
un débit considérable à sa pêche. — Il a des nuits
orageuses et terribles, quand le tonnerre et l'autan
couvrent le bruit de la cascade, que les neiges descendent du sommet des monts et que le lac gonflé élève ses
ondes tumultueuses jusqu'à sa cabane et menace de
l'entraîner, dans leur course, à travers les abîmes.

Alors s'élevant sur la montagne, il mesure avec
effroi le progrès des eaux ; son œil fasciné suit l'ascension de chaque vague, et sa voix solitaire implore,
avec des larmes, la fin de la tempête.

On trouve au-dessus du lac d'Oo, quatre autres
lacs, celui d'Espingo, le lac Néré, le lac Esquierry
et le lac Glacé.

Le pic Coïrat, que nous avons déjà salué dans la
vallée du Lys, montre encore ici sa cime neigeuse.

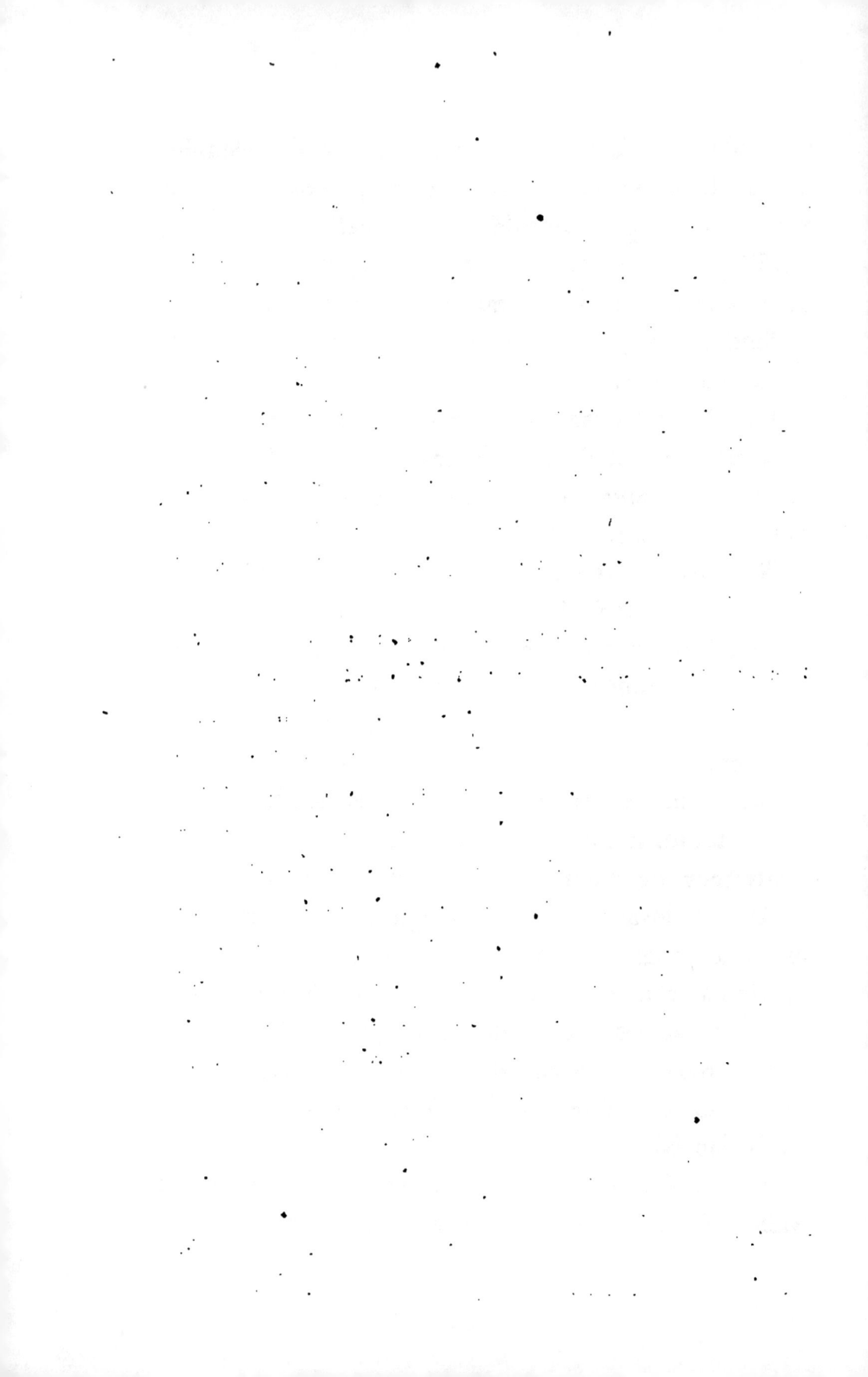

CHAPITRE XXIV.

EXCURSION AU PORT DE VENASQUE.

> Des rochers épars çà et là affectaient dans
> les airs les formes les plus bizarres.
>
> Georges SAND.

> Tout enchante mes sens, tout en ces sombres lieux,
> D'une sublime horreur, épouvante mes yeux ;
> L'imagination de ses rapides ailes,
> Embrasse de ces monts les neiges éternelles,
> Et les peupla bientôt de mille souvenirs.
>
> DE BANQUEVILLE.

POUR aller au port de Venasque, nous suivrons le chemin qui longe la vallée de Luchon ; mais à l'endroit où il se rétrécit le plus, il se divise en deux ;

laissant celui de droite qui mène à la vallée du Lys, nous prenons à gauche le sentier qui doit nous conduire au but de notre course ; nous le quittons après quelques momens, pour aller voir la cascade des Demoiselles.

Qu'elle est belle ! qu'elle est gracieuse cette petite chute d'eau sous ces frais ombrages, parmi ces beaux rochers, au milieu de ces mousses et de ces fleurs ! ! Comme l'air est pur et embaumé sous cette voûte de verdure formée par de jeunes sapins, des bouleaux, des hêtres et des tilleuls fleuris !... Comme le sable est fin ! comme les différentes couleurs de ces petits cailloux brillent au fond de ces eaux limpides !.. On dirait que la main d'un artiste les a revêtus d'une couche de vernis. Ce lieu est véritablement enchanteur, et ce n'est qu'avec peine qu'on s'en éloigne.

La cascade n'est pas remarquable par la hauteur de sa chute ; c'est le site délicieux qu'elle se plaît à embellir de son doux murmure, qui attire les voyageurs.

Il est temps de quitter cette espèce de grotte de verdure, plus belle certainement que celle que le bon homme Palasset montre dans le village de Gèdre, et d'aller reprendre le chemin de Venasque.

Après quelque temps d'une marche pénible, on pénètre dans une forêt de hêtres antiques de la plus grande végétation ; ce sont les plus beaux que nous ayons vus dans notre voyage. Leur tronc est d'une blancheur éclatante, recouvert dans certains endroits d'une mousse d'un vert très-brillant, et leur branchage retombe sur le sol avec une gracieuse élégance. — On aime-

rait de venir rêver sous ces dômes de verdure grandioses et solitaires.... avec quel recueillement on y
adorerait Dieu..... ou, plus mondain, avec quelles
délices on y parlerait d'amour auprès d'une femme
aimée, la tête enlacée dans ces beaux cheveux blonds,
lisant dans ses yeux bleus ce qu'elle n'ose pas vous dire...
car la solitude inspire à l'âme des idées religieuses —
ou des pensers d'amour....

Continuons cependant notre course : le doux murmure de l'onde ne nous quitte pas plus ici que dans
le reste de notre voyage ; nous côtoyons la Pique qui
roule ses eaux capricieuses et écumantes au milieu
des rochers.

Nous suivons, tantôt en montant, tantôt en descendant, un chemin pierreux et difficile, sous un
ombrage enchanteur ; enfin, après deux heures de
marche, un vaste bâtiment se présente à nous, au
milieu d'une plaine élevée, c'est l'hospice ; faites-y
une petite halte ; le repas que vous y prendrez ne sera
pas perdu pour les arts, vous pourrez croquer l'intérieur
de la salle.

Là, comme dans toutes les montagnes, vous trouverez du lait délicieux. — Les pâtres le conservent
dans l'eau ; ils détournent un petit filet du Gave voisin,
qu'ils font passer souvent dans un coin de leur cabane,
et ils déposent leur vase recouvert d'une ardoise gros-
sière, dans cette eau fraîche et limpide ; s'ils sont ingé-
nieux pour conserver leur lait, en revanche ils sont
peu habiles pour la confection de leur fromage ; celui

qu'ils offrent aux voyageurs est mat, lourd, grossier, sans aucun goût, sans aucun parfum.

En quittant l'hospice, on aperçoit un mont escarpé sur lequel se dessine un sentier sinueux; c'est là qu'il faut monter. — Après bien des peines et des sueurs, on parvient auprès d'un petit lac, derrière lequel dorment tranquilles trois autres lacs; leur aspect riant recrée la vue fatiguée de l'aridité des rocs qu'on vient de franchir. Plusieurs petites îles, semblables à des corbeilles de fleurs, se baignent dans ces eaux paisibles où l'on pêche des truites exquises.

Tout près l'on remarque des rochers de la forme la plus bizarre; on dirait les vieilles ruines d'une ville fortifiée; des tours, des murs, des bastions mêlent leurs formes originales dans ces lieux solitaires.

Au milieu de ce désordre de la nature, l'âme se serre de tristesse, je dirai presque de terreur; on se croit abandonné dans un désert affreux, et l'on double le pas pour en sortir plus vite.

Après une montée longue et pénible, tracée en zig-zag sur le flanc d'une montagne rocailleuse, nous parvenons au port de Venasque. Avec joie, avec émotion, nous franchissons la roche appelée la Penna-Blanca, qui sépare les deux royaumes.

De ce lieu, la vue s'étend au loin et domine une grande étendue de pays. En face, la Maladetta avec ses glaciers entassés les uns sur les autres, ici, noirâtres, là, réfléchissant les rayons du soleil, paraît isolée au milieu de l'immense chaîne des Pyrénées.

— A droite, la belle vallée de Venasque et le pic de la Perdiguero. — A gauche, le pic de la Fourcanado, ainsi appelé parce qu'il s'élève en deux pointes aiguës semblables au bas d'une fourche, et le pic de Poumero; à leur pied, se trouve le trou de Tauro, dans le lointain, un vaste horison de montagnes brumeuses et incertaines. — Les yeux se promènent épouvantés sur ces vastes régions.

Je te salue de nouveau, Espagne, — pays de dévouement et de bravoure, — pays de religion et d'amour, — pays de rosaires et de poignards, je te salue!...

Ma tête s'exalte, mon imagination enfante des visions, de moines et de belles andalouses à l'œil noir. — Il me semble voir chevaucher dans ces plaines lointaines les chevaliers de la Calatrava. — J'entends, aux portes de Grenade, les cris des Maures, tour-à-tour vainqueurs et vaincus, tantôt fuyant sous les coups de Pelasge et du Cid, la fleur des batailles, tantôt étalant leur pompe et leur luxe dans le magique palais de l'Alhambra. — Là-bas... là-bas, m'apparaissent les vaisseaux de Fernand Cortès partant pour la conquête du nouveau monde.... Puis le Camoëns ravissant son brillant poème aux vagues couroucées et planant sur sa patrie de toute la grandeur de son génie. — Je vois la vieille tour de Madrid et Charles-Quint victorieux, emmenant captif, le chevalier Roi, François I.er. — Tournez-vous à gauche, ne voyez-vous pas une barque légère qui s'éloigne des côtes de Malaga, c'est le dernier des Abencerages, c'est Aben-Hamet, qui suit son

amante, sa Houri, sa Blanca..... La brise lointaine
m'apporte ces derniers chants :

O bel Alhambra !
O palais d'Allah !
Cité des fontaines !
Fleuve aux vertes plaines !
Un chrétien maudit,
D'Abencerage,
Tient l'héritage :
C'était écrit !

CHAPITRE XXV.

EXCURSION DANS LA VALLÉE D'ARAN.

> . . . . C'est Sara la folle de la
> montagne. . . . .
> Prison d'Edimbourg (opéra).

> Le sommeil, sur la mousse antique,
> Du chasseur a fermé les yeux ;
> Mais dans ses songes belliqueux
> Le chasseur, d'un trait fantastique,
> Arme encore son bras nerveux.
> OSSIAN.

C'EST une vallée toute française que la vallée d'Aran,
bien qu'elle appartienne à l'Espagne ; aussi vous qui
avez vu les ports de Penticouze, qui avez franchi le

Vignemale, sourirez-vous en voyant le portillon qui
ne livre passage qu'à travers une chaîne très-secon-
daire. La grande chaîne qui partout ailleurs offre une
frontière naturelle, a été abandonnée ici en faveur
de l'Espagne ; aussi, n'étaient les longs bonnets cata-
lans qui remplacent ici les sombreros aragonnais, vous
ne croiriez pas quitter la France en pénétrant dans
la vallée d'Aran.

En partant de Luchon, on traverse la Pique et
Saint-Mamet, dernier village de France. — Ce sont
de hardis chasseurs que les habitans de Saint-Mamet,
et qui ne se font pas prier pour conter leurs proues-
ses ! Ils vous diront leurs fatigues, leurs dangers :
l'un s'est battu corps-à-corps avec un ours et a été
laissé pour mort sur la place, mais son ennemi n'a
pas joui long-temps de son triomphe ; des bûcherons
l'ont trouvé expirant de ses blessures. — Un autre a
poursuivi un bouquetin sur la montagne, et ne l'a
tué que le dixième jour de sa course. — Nous che-
minâmes avec l'un d'eux, qui nous conta ainsi une
de ses chasses. — C'était un ours le plus beau qu'on
eut vu depuis longues années ; les traqueurs l'avaient
poussé jusqu'au sommet de la montagne ; là, les chasseurs tirent sur lui, l'ours blessé recule en rugissant ;
mais un précipice de deux cents pieds est derrière lui ;
quelques rochers saillans interrompent seuls, de distance en distance, la ligne perpendiculaire ; les chasseurs l'entourent, font une décharge générale.....
l'ours a disparu dans la fumée. — Il s'était lancé

dans l'abîme, s'accrochant d'une roche à l'autre, — et bientôt on le vit se retirer, en menaçant encore, sur la montagne opposée.

Nous vous avons parlé plusieurs fois des cagots, ces crétins des Pyrénées, dont l'origine a soulevé et soulève encore tous les jours de savantes discussions. — Nous n'avons pas la prétention de poser notre opinion dans la balance, et nous vous renverons à l'ouvrage scientifique de M. Ramond, sur les Pyrénées.

Nous vous dirons seulement les lieux où nous avons cru remarquer le plus de ces malheureux, qui n'ont de l'homme que le physique... et quel physique ! — C'est dans les vallées et surtout dans les plus basses, qu'on rencontre encore quelques cagots; nous disons encore, parce que le nombre en a diminué considérablement, grâce aux sentimens humains qui ont levé la proscription qui pesait sur eux; ainsi, c'est surtout à Pierrefitte et à Soulon, dans la vallée d'Argelès, à Campan, à Saint-Mamet, et dans toute la vallée de Luchon, que vous voyez ces infortunés, tandis que Cauterets et les autres lieux élevés, vous offrent bien rarement ce triste spectacle.

Nous vous dirons ici la rencontre que fit un de nos artistes, d'une pauvre femme appartenant à cette classe d'individus, regrettant que la modestie de notre ami nous prive de vous livrer son récit si énergique et si naïf.... C'était au château de Beaucen, nous contait-il, quelques jours après son avanture; j'étais seul, foulant d'un pied distrait ces vastes ruines; je venais de

parcourir plusieurs cours, plusieurs salles qui réson-
naient jadis sous les pas retentissans des chevaliers
bardés de fer ; j'avais suivi de longues allées, franchi
de vieilles murailles qui s'écroulaient sous mes pas ;
puis je m'étais égaré dans un étroit souterrain, dont
j'étais sorti guidé par un faible reflet de lumière....
et maintenant adossé au chapiteau d'une colonne,
j'avais oublié mes crayons, et le soleil du soir dorant
ces pierres jaunies et le lierre à la sombre verdure,
et ces tourelles dont les lignes heureuses, les accidens
harmonieux avaient d'abord attiré toute mon attention d'artiste. J'avais tout oublié, car dans mon âme
je venais de relever ces crénaux, j'avais vengé cette
enceinte de toutes les injures du temps et réparé
l'œuvre d'un siècle destructeur ; j'avais rendu la vie
aux preux chevaliers et la beauté aux nobles châte-
laines ; je les voyais passer devant moi ces fiers barons,
devisant d'amour et de combats, et je leur demandais
moi aussi, des armes brillantes, des éperons d'or, une
bannière redoutée ; puis aux belles dames, je demandais, un genou en terre, amour et bonheur ! —.....
Mais ô fascination ! un être mystérieux, tout fantastique ! un démon à deux têtes, aux yeux ternes et
fixes, aux bras décharnés et sanglans ! un squelette
osseux et couvert de sales haillons ! un corps aux
formes indéterminées et pourtant bien réelles, repousse
d'un bras inexorable ces merveilleuses visions, et s'arrête devant moi !... Oh ! n'était-ce pas un monstre
envoyé pour éprouver ma valeur, me demander une

emprise chevaleresque? S'il en eût été ainsi, j'eusse attendu encore mes éperons d'or, car mon âme défaillit, et la peur bien plus que le courage, arma ma main timide de ma chaise d'artiste : qui es-tu, m'écriai-je, ombre fantastique, farfadet, goule, ange ou démon des ruines?... Et j'allais frapper, lorsqu'en s'approchant, mon ennemi me laissa voir une femme hideuse, au goitre monstrueux, aux mains et la figure sanglantes, couverte de guenilles qui cachaient à peine des membres cadavéreux; ses vains efforts pour parler ne produisaient qu'un sifflement pénible ou un grognement sinistre.... C'était la SARA des Pyrénées, la folle des ruines, l'héritière du château des hauts et puissans seigneurs de Beaucen.... Oh! ce n'était pas notre jolie Sara d'Edimbourg, notre intéressante folle d'Ecosse.

Après Saint-Mamet, le chemin prend à droite et conduit, en deux heures, au port, d'où nous découvrons bientôt la vallée d'Aran arrosée par la Garonne.

Rien dans ce que nous avons vu de cette vallée, n'a parlé à notre âme d'artiste. N'a-t-elle rien en effet de remarquable? ou plutôt, n'étions-nous pas blasés et plus difficiles sur les beautés de la montagne? — Boussost est le premier village espagnol. Si vous tenez à rapporter quelque chose de votre course, vous trouverez un sujet de pochade dans l'intérieur du village; une maison dont la partie supérieure en boiseries noircies par le temps, avance sur la rue, quelques pampres de vigne à gauche et le clocher de Boussost dans

9

le fond; c'est tout ce qu'une soif ardente de croquis
pourra vous faire trouver digne de vos crayons. Lèz,
qui est à un quart d'heure de Boussost, n'a pour lui
que ses eaux recommandées pour les maladies de
poitrine.

Dans toutes les vallées fréquentées par les étrangers, le peuple est quêteur et mendiant; mais les
habitans de la vallée d'Aran surpassent en cela tous
leurs voisins. Des femmes bien vêtues, de jeunes filles
d'une mise élégante, tendront la main à votre charité
avec une obstination vraiment dégoûtante. J'ai vu un
jeune homme de bonne mine, me demander un sou
pour avoir relevé ma cravache. — Nous pouvons encore
vanter leur adresse à voler; c'est avec une merveilleuse subtilité qu'ils feront disparaître le canif dont
vous aurez taillé vos crayons ou tout autre objet. —
Ils parlent ordinairement le patois de Luchon, et
c'est en effet avec la France qu'ils ont tous leurs
rapports, toutes leurs relations commerciales.

CHAPITRE XXVI.

•

—

CIERP. — SAINT-BÉAT.

O vallon fortuné, paisibles promenades!
Tout ce faste imposant que Paris va m'offrir,
Ces palais, ces jardins et leurs tristes nayades,
Du besoin de vous voir, ne me sauraient guérir;
Entre vos monts altiers, au bruit de vos cascades,
Que ne m'est-il donné de vivre et de mourir!

C. DELAVIGNE.

ADIEU, monts Pyrénéens, adieu et merci! — Vous nous avez donné tout ce que, dans notre ardente imagination, nous nous étions promis de jouissance, de plaisirs! Adieu encore et merci, pour tous les souvenirs que vous nous laissez, source immense de

bonheur pendant les longues soirées d'hiver ! — Assis
mollement devant un feu brillant, notre album à la
main, avec quelles délicieuses émotions nous recom-
mencerons notre voyage ! — Nous étions là, enfonçant
nos crampons, plantant nos piques dans ces glaces éternelles. — Et nous nous rapprocherons doucement du
feu. — Ici, nous nous égarâmes dans la forêt ; sur
ce gazon nous étendîmes nos membres fatigués... Oh !
quelle paresseuse et insouciante jouissance nous goû-
tions alors, à laisser nos yeux se promener sur la tendre
verdure du hêtre, se reposer sur les noirs sapins, puis
à voir les nuages se former au-dessus des forêts et
légers et brillans, voler d'un pic à l'autre, cachant un
instant ces cimes altières dans leur gaze humide. —
Sur ce pont tremblant, nous défiâmes l'abîme ; la
nacelle du pêcheur nous balança mollement sur ce lac
tranquille ; notre regard plongeait dans ses ondes pures
et suivait les mouvemens gracieux de la truite. Dans
cet humble chalet, nous reçumes l'hospitalité des
pâtres, nous partageâmes le lait de leurs troupeaux,
nous trouvâmes un sommeil bienfaisant sur les branches de sapins. — A vous aussi, nous donnerons un
souvenir, jeunes femmes, dont nous aimions à voir
flotter le voile blanc dans la vallée sauvage ! Souvent
vous avez animé le désert, souvent vous vous êtes
assises sur la chaise de l'artiste, vous vous êtes repo-
sées à l'ombre de sa tente !..... Et le soir, que nous
aimions à voir vos robes blanches rivaliser avec la
blanche écume du Gave ! Que de fois nous avons

écouté, avec ravissement, vos douces voix s'unir au mugissement de l'onde. — Oh! Gavarni! à toi toute notre pensée, à toi toute notre âme! oui, notre admiration s'éveillera toujours nouvelle, toujours croissante, toujours plus vraie!!!.... Nous n'avons pu reproduire sur la toile ta beauté grandiose, mais tu t'es gravé dans notre âme de toute ta splendeur, de toute ton immensité, comme une image de l'infini, comme une pensée de l'éternité!!!

Ainsi nous rêvions, ainsi vous rêverez sans doute, en quittant Luchon, en quittant les montagnes. — Et déjà nous n'apercevons plus les hauts sommets du port de Venasque. — Cependant dans vos adieux, artistes, ne brisez pas vos crayons, vous trouverez à Cierp, premier relai, deux ou trois jolies pochades; ici, une vue du pont, là, quelques maisons à balcons, une fontaine, une croix et une rue montante.

Nous vous engagerons encore à vous écarter une heure de votre chemin, pour visiter Saint-Béat, non que nous y ayons rien trouvé à dessiner, mais pour voir ses carrières de marbre, si belles et si renommées.... Puis nous vous abandonnerons à la diligence, à vos rêveries silencieuses ou à la gaîté loquace et souvent originale des voyageurs bourgeois................. Heureux si la feuille du conducteur vous donne un voisin aimable, plus heureux si elle vous place auprès d'une femme au cœur de vierge, à l'âme d'artiste!

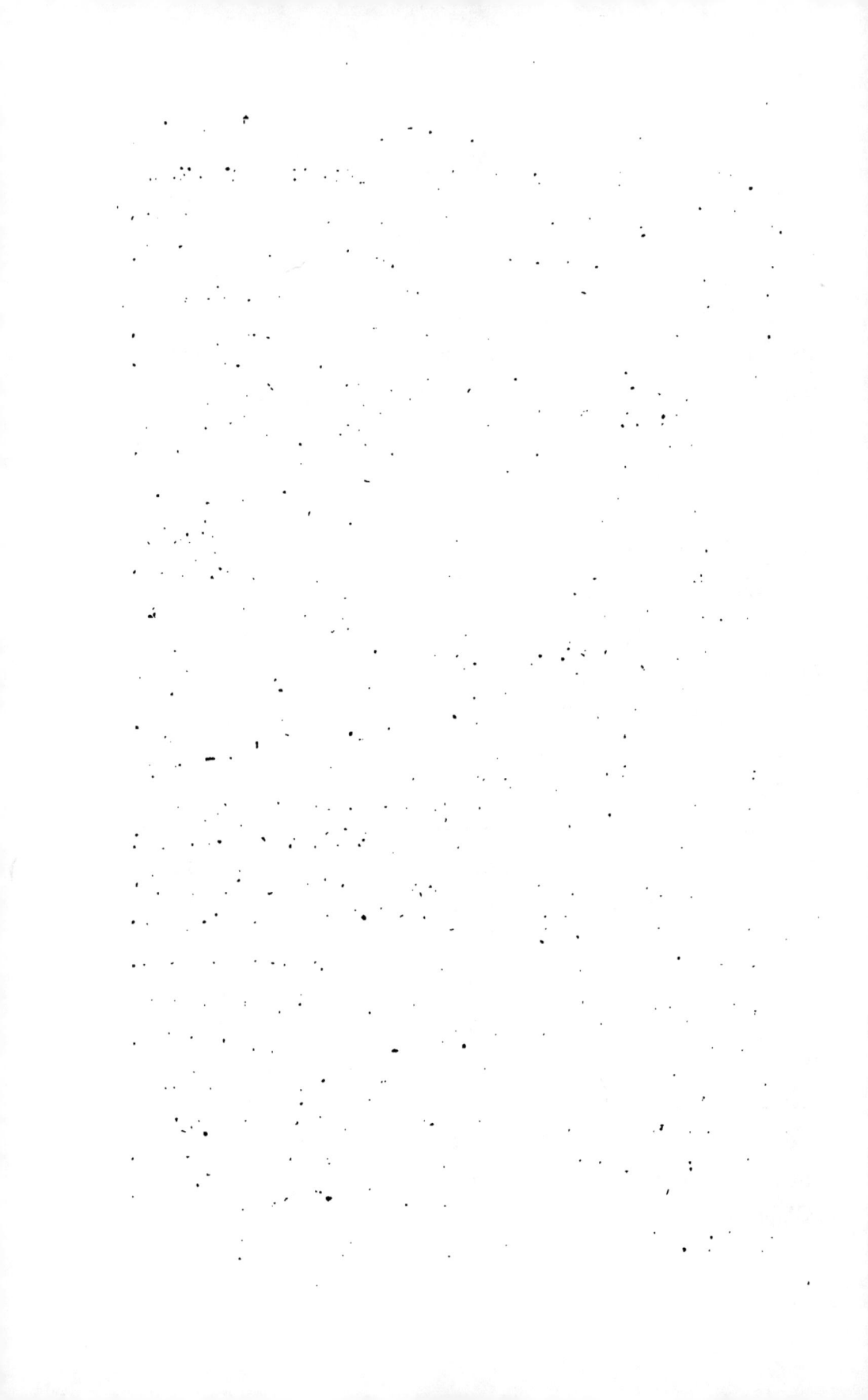

CHAPITRE XXVII.

DES ADRESSES.

> Modéré dans ses comptes, exact dans ses paie-
> mens, il avait un cellier bien garni de liqueurs
> fraiches, un esprit subtil et une jolie fille...:......
> Sa renommée était si grande que c'eût été s'avouer
> absolument indifférent à la réputation de voya-
> geur que d'avoir été à Cumnor, sans vider un
> verre au joli ours noir.
>
> WALTER SCOTT.

MALGRÉ que nous n'ayons eu qu'à nous louer des personnes chez lesquelles nous vous adressons, il est prudent de faire toujours vos prix d'avance.

Nous vous engageons d'aller loger,

A Bagnères-de-Bigorre, chez M. JALÓN.

A Lourdes. . . . . LAMOTHE.

Pierrefite. . . . . MARQUE, chirurgien,
barbier, receveur, adjoint, aubergiste,
marchand de tabac, pêcheur et borgne.*

Cauterets.. . . . . BÉROT.

Panticouse. . . . . Armas don FANLO.**

Gavarni. . . . . BEL.

Gèdre. . . . . PALASSET.

Luz. . . . . M. DUPONT ou la
veuve SUBERBIÉ.

Barèges. . . . . DELOR, aubergiste.

Sainte-Marie. . . . . LOUISOT, cordonnier.

Arreau. . . . . Au Cheval Blanc.

Bagnères-de-Luchon. . . . . M. BOUCHE.

* Enseigne historique.

** Don FANLO est un noble Espagnol qui, sans être aubergiste,
exerce une hospitalité généreuse, et ne réclame des étrangers
que les frais qu'ils lui ont occasionnés.

CHAPITRE XXVIII.

DES DISTANCES.

> . . . . De l'heure fugitive,
> Hâtons-nous, jouissons!
> L'homme n'a point de port, le temps n'a point de rive;
> Il coule, et nous passons.
>
> LAMARTINE.

Nous vous donnons le temps que, nous-même, nous avons mis d'un lieu à un autre. La *stricte* exactitude dépendra du plus ou moins de rapport de votre marche avec la nôtre.

De Bagnères-de-Bigorre à Lourdes.	3 h.	30 m.
De Lourdes à Argelès.	3	»
D'Argelès à Pierrefite.	»	40
De Pierrefite à Cauterets.	2	30
De Cauterets au pic du Monné. .	5	30

10

De Cauterets à la vallée de Lutoure.	1 h.	» m.
De Cauterets au pont d'Espagne.	2	»
Du pont d'Espagne au lac de Gaube.	1	»
Du lac de Gaube à la vallée d'Esplumeaux.	1	»
De la vallée d'Esplumeaux à Gavarni.	12	»
Du pont d'Espagne à Panticouse.	8	»
De Panticouse à Gavarni.	12	»
De Gavarni à Gèdre.	2	30
De Gèdre à Héas.	2	»
De Gèdre à Luz.	3	15
De Luz au pic de Bergons.	5	»
De Luz à Barèges.	1	45
De Barèges au Tourmalet.	3	30
Du Tourmalet au pic du Midi.	8	»
Du Tourmalet à Sainte-Marie.	4	30
De Sainte-Marie à Payole.	1	»
De Payole à Arreau.	3	»
D'Arreau à Luchon.	5	15
De Luchon à la vallée du Lys.	2	»
De Luchon au lac d'Oo.	3	»
De Luchon au port de Venasque.	5	15
De Luchon à Boussost.	5	»
De Luchon à Cierp.	3	»
De Cierp à Saint-Béat.	1	»

FIN.

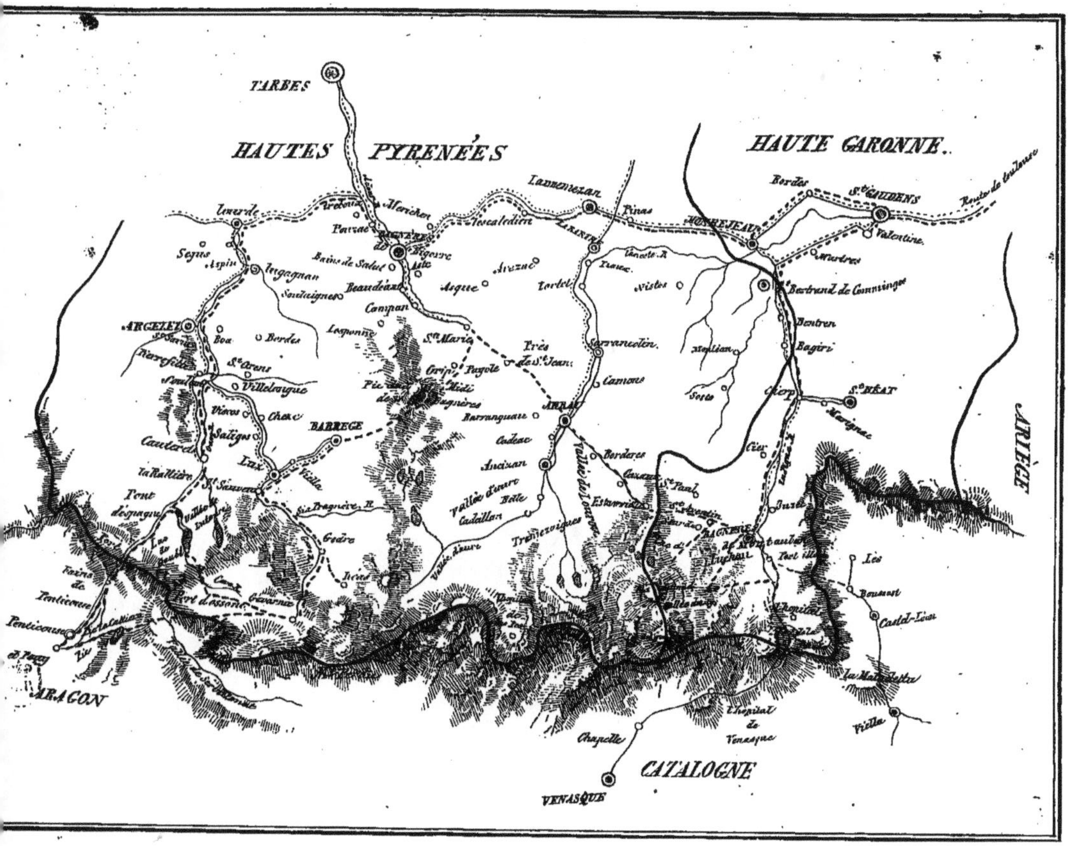
TARBES
HAUTES PYRENÉES
HAUTE GARONNE.
ARIÉGE
CATALOGNE
VENASQUE
ARAGON
ARGELEZ
BARREGE
ARREAU
S.t BÉAT
S.t GAUDENS
Lannemezan
Pinas
Bordes
Valentine
Route de toulouse
Bertrand de Comminges
Bentren
Bagiré
Campan
S.te Marie
Villelongue
Cauterets
Luz
Gedre
Gavarnie
Ancizan
Cadeac
Camous
Sarrancolin
Chapelle
l'hopital de Venasque
Castel-Léon
Viella
Les
Boussost
Bossost
Penticouse
Pont d'espagne
S.t Sauveur
Beaudéan
Asque
Tortel
Aspin
Segus

www.ingramcontent.com/pod-product-compliance
Lightning Source LLC
Chambersburg PA
CBHW051726090426
42738CB00010B/2119